DRESDEN

und seine Geschichte

Text
Klaus Kratzsch

Fotos
Werner Neumeister

Sachsenbuch

Die Übersetzungen übernahmen:
S. Bollinger (englisch) und
G. Lagarde-Sailer (französisch)

Einbandmotive:
Blick auf die Brühl'sche Terrasse mit der 1907 erbauten
Sekundogenitur auf das Landtagsgebäude (1901–06) und die
Kath. Hofkirche (1739–55) (vorne).
Schloß Pillnitz bei Dresden, Neues Palais (1818–26), Garten-
front (hinten).

Cover:
View of the Brühl Terrace with the secundogeniture (1907) on
the parliament building (1901–06) and the Catholic court
church (1739–55). (front)
The Pillnitz castle near Dresden, the new palace (1818–26),
front garden (back).

En couverture:
Vue sur les terrasses de Brühl avec le café-restaurant
Sekundogenitur au côté de la Diète de Saxe (1901–06) et
l'église catholique de la Cour (cathédrale), 1739–55 sur
l'avant.
Le château Pillnitz près de Dresde, le nouveau palais
(1818–26), jardin (au dos).

Fotonachweis:
Petra Kästner, Dresden: S. 38
alle anderen Werner Neumeister, München

Sonderausgabe für
Sachsenbuch Verlagsgesellschaft mbH, Leipzig

© 1991 by I. P. Verlagsgesellschaft
International Publishing GmbH, München
Reproarbeiten: Fotolito Longo AG, Frangart
Satz: Satz & Repro Grieb, München
Gesamtherstellung: Cronion SA, Barcelona/Spanien

ISBN 3-910148-09-3

DRESDEN,
Capitale de la Misnie.

Alt Dresden

Dresden um 1700, Stich von Pieter van der Aa. Blick elbabwärts auf die Altstadt (links) mit den Türmen der Kreuzkirche und des Schlosses und auf Altdresden, die spätere Neustadt (rechts).

Dresden around 1700, an engraving by Pieter van der Aa. View downriver of the Altstadt (left) with the towers of the Kreuzkirche and the castle and of Altdresden, later the Neustadt (right).

Dresde vers 1700, gravure de Pieter van der Aa. A gauche, vue en aval sur le Altstadt (centre de la vieille ville) avec les tours de l'église Sainte Croix et du château et à droite au-dessus du vieux Dresde, le futur quartier de Neustadt.

Das alte Dresden. Die Residenzstadt und ihr Untergang.

Die alte sächsische Haupt- und Residenzstadt Dresden wird seit über zwei Jahrhunderten von den Besuchern als ein städtebauliches Wunder gepriesen, ein Ort, an dem die Künste in fesselnder Weise verdichtet waren und höchste Ansprüche erfüllten.

Diese zwei Jahrhunderte spannen sich von der Zeit Augusts des Starken, der 1694 bis 1733 als Kurfürst von Sachsen sein Land regierte und seit 1697 in Personalunion auch Träger der polnischen Königskrone war, bis in die Zeit vor dem 2. Weltkrieg.

Zählte man im alten Europa Plätze auf, an denen Architektur und Städtebau besonders harmonische, geistreiche Antworten auf besondere landschaftliche Situationen – auf Fluß und Tal, auf eine Küste –

Old Dresden. A royal seat and the story of its decline.

Dresden, the historical capital of Saxony and former royal seat, has enchanted visitors for two centuries with its architecture, it is a town which abounded with art of all kinds and which captivated and held the interest of even the greatest connoisseur.

This time span of two centuries began in the days of August the Strong, the Elector of Saxony from 1694 until 1733 and from 1697 onwards also King of Poland, and continued until just before the Second World War.

In any discussion about towns in old Europe whose architecture and planning were particularly harmonious and fitted into their specific geographical setting – adapting quite happily to river and valley or coastline – Dresden, often referred to as the Florence on the Elbe,

L'Ancien Dresde. La Résidence et son effondrement.

Depuis plus de 200 ans déjà, l'ancienne capitale et ville résidentelle de Saxe, Dresde, est très admirée par tous les visiteurs qui voient en elle une merveille d'urbanisme et un lieu où foisonnent des oeuvres d'art d'une extrême richesse. Ces deux siècles englobent une période allant d'Auguste le Fort qui en tant que Prince Electeur de Saxe dirigea son pays de 1694 à 1733 et qui ensuite en 1697, par suite d'une union personnelle fut porteur de la Couronne Royale de Pologne, jusqu'aux années précédant la Deuxième Guerre Mondiale.

A l'époque, quand il était question de citer les villes de la vieille Europe harmonieusement conçues au niveau architecture et urbanisme et ayant su trouver des solutions savantes à un contexte géographique donné –

3

formuliert hatten, so wurde zusammen mit Florenz und Venedig fast immer auch Dresden, das «Elbflorenz», genannt. Auch Salzburg und das fränkische Würzburg vor den Zerstörungen von 1945 darf man zu diesen Stadtpersönlichkeiten rechnen, die von der Renaissance bis zum ausgehenden Barock nach künstlerischen Grundsätzen ausgestaltet worden sind. Ihr geistiges und Kunstprofil wurde bestimmt durch das Wirken einer Elite aus einflußreichen alten Familien wie in Florenz und Venedig, durch ein Fürstenhaus wie in Dresden und durch fürstliche Bischöfe und ihre Sippen wie in Salzburg und Würzburg.

Diese Stadtkunstwerke enden nicht an Stadt- und Festungsmauern: Landresidenzen, Adelssitze, Gutshöfe, Gärten legen sich um sie herum, sind mit der Stadt und untereinander durch Alleen, Kanäle, Reitwege verbunden. Oft liegen ältere kirchliche und politische Zentren wie Fiesole, Torcello, Meißen, deren Entwicklung abgebrochen ist, in der Nähe ihrer erfolgreicheren Nachfolgerinnen. Wir sprechen von historischen Kulturlandschaften, die sich unter solchen Bedingungen und historischen Prozessen ausgeformt haben. Eine der eindrucksvollsten Kulturlandschaften, die wir in Deutschland kennen, ist das Elbtal von der böhmischen Grenze bei Bad Schandau flußabwärts bis in die Gegend von Meißen. Im oberen Teil ist es durch die Sandsteinfelsen der «Sächsischen Schweiz» gekennzeichnet, die das Baumaterial für die Monumente von Meißen und Dresden lieferten. Sie waren im 19. Jh. Tummelplätze der Romantiker und sind heute Herausforderung für extreme Bergkletterer. Als breiter Strom fließt die Elbe nach der Passage der alten Stadt Pirna in Bögen zwischen den beiden Stadthälften von Dresden hindurch, wird bereits beim Lustschloß Pillnitz von Weinbergen begleitet und durchzieht bei Radebeul und Lößnitz wiederum eine reiche, kulturgesättigte Gärten- und Weinbaulandschaft, aus der ein monumentaler Höhepunkt über dem linken Flußufer aufragt, der Burg- und Domberg von Meißen.

was nearly always mentioned in the same breath as Florence or Venice.

Salzburg and Würzburg, before it was so badly damaged in 1945, could also be added to the list of those towns which, from the Renaissance until the end of the Baroque period, were planned and built in accordance with artistic principles. The determining influence on the intellectual and artistic life of such towns was either an old, influential family, as was the case in Florence and Venice, or a royal house, as was the case in Dresden, or prince-bishops and their families, as was the case in Salzburg and Würzburg.

And this artistic influence was not limited to the towns themselves, it was not confined by town walls or fortifications. Country residences, noble seats, royal farms and gardens were built around the towns and joined to each other and the town by avenues, canals and riding paths. Very often places which were formerly old, important church foundations or political centres which have lost their importance, such as Fiesole, Torcello or Meißen, are found to be near a town which has taken over that former importance and developed it. We speak of cultural landscapes which have developed under such conditions as part of an historical process. One of the most impressive examples of this in Germany is the valley of the River Elbe from Bad Schandau at the Bohemian border down river to the area around Meißen. The upper part of this valley is known as Saxony's Switzerland because of its sandstone cliffs, which provided the building material for the monuments in Meißen and Dresden. These cliffs were a favourite haunt of the Romantics in the 19th century and still present quite a challenge today for the serious climber. The wide River Elbe flows through the old town of Pirna and meanders through Dresden, dividing the town into two halves. By the time it passes Castle Pillnitz there are vineyards on both sides and then it flows past Radebeul and Lößnitz, bordered by vineyards and gardens rich in culture until, on the left bank,

fleuve, vallée, côte – les noms qui venaient tout de suite à l'esprit étaient naturellement Florence et Venise mais aussi presque toujours Dresde, la «Florence sur l'Elbe». Et avant les destructions subies en 1945, on peut aussi nommer comme ville de caractère Salzbourg et Wurtzbourg en Franconie qui ont été édifiées de la Renaissance jusqu'à la fin du Baroque d'après des critères d'art précis.

Cette atmosphère spirituelle et artistique a été dictée par une élite constituée comme à Florence et à Venise par des vieilles familles qui détenaient une grande influence, à Dresde par une maison de Princes Electeurs et à Salzbourg et Wurtzbourg par des évêques et leur famille.

Ces oeuvres d'architecture cependant ne sont pas confinées dans l'enceinte des villes ou de leurs remparts. On trouve partout aux alentours des résidences, des demeures seigneuriales, des domaines et des parcs qui sont reliés à la ville et entre eux par des allées, des canaux et des pistes de cavaliers. On voit aussi souvent des vieilles églises et des centres politiques comme Fiesole, Torcello, Meissen, dont le développement un jour s'est interrompu, et qui non loin de ces lieux ont laissé la place à des successeurs plus couronnés de succès. Nous parlons ici de régions marquées par la culture et l'histoire qui ont été moulées par les conditions et évènements historiques. L'une des plus belles d'Allemagne est la vallée de l'Elbe qui à partir de la frontière de Bohême à Bad Schandau s'étend en aval jusque dans les environs de Meissen. Nous trouvons au nord les Tables de grès de «la Suisse Saxonne» où les villes de Meissen et de Dresde ont pu s'aprovisionner en matériaux de construction. Elles étaient au 19éme siècle l'un des lieux favoris des romantiques et sont devenues aujourd'hui une provocation pour les acharnés de l'escalade. Après avoir passé la vieille ville de Pirna, le large courant de l'Elbe s'étire en méandres au milieu de la ville de Dresde et déjà à la hauteur du Château de plaisance de Pillnitz longé par des vignobles, traverse près de Radebeul et

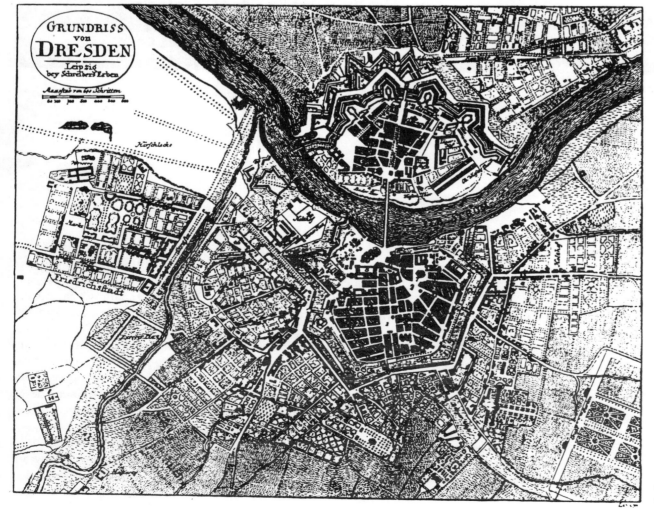

Grundriß von Dresden, unten die Alt-, oben die Neustadt, beide von den barocken Festungsanlagen umgeben, Anfang 18. Jahrhundert.

A plan of Dresden, below the Altstadt, above the Neustadt, both encircled by Baroque fortifications, early 18th century.

Plan de Dresde, en bas le Altstadt, en haut le Neustadt, tous deux entourés des fortifications baroques, début 18ème.

Dresden 1748, vom rechten Elbufer gegen die Augustusbrücke, die Frauenkirche und die Kath. Hofkirche gesehen, Ölgemälde von Bernardo Belotto.

Dresden in 1748, from the right bank of the Elbe with the Augustus Bridge, the Church of Our Lady and the Catholic court church, an oil painting by Bernardo Belotto.

Dresde en 1748, l'église Notre-Dame et la cathédrale vues de la rive droite à côté du pont Augustus, peinture à l'huile de Bernardo Belotto.

Die Tallandschaft und ihre historischen Anziehungspunkte außerhalb Dresdens sind bis heute erhalten. Die Industrialisierung seit dem späten 19. Jahrhundert, der letzte Krieg und die Nachkriegszeit haben ihre Schönheit nicht wesentlich schmälern können. Die Stadt selbst, die Mitte des Ganzen, die bis zuletzt ihr berühmtes Stadtbild, ihre Bauten und deren Ausgestaltungen bewahrt hatte, wurde am 13. und 14. Februar 1945, zwölf Wochen vor Kriegsende, zerbombt und verbrannt.

Das Datum ist das schmerzlichste in der Geschichte Dresdens. Die wirkliche Zahl der verbrannten, erstickten, verschütteten Menschen konnte bis heute nicht festgestellt werden. Das Residenzschloß, der Zwinger, die Gemäldegalerie, die Oper, alle wichtigen Kirchen, die barocken Adelspalais und Bürgerhäuser brannten aus, stürzten vielfach zusammen.

Bilder wie die klassischen Veduten Dresdens von Bernardo Belotto, gen. Canaletto (1720–80), voran die Ansicht vom rechten Elbufer unterhalb der Augustusbrücke, die der Venezianer 1748 malte, und historische Photographien der Stadt und ihrer Bauten, wie sie der Nestor der sächsischen Kunstgeschichte, Fritz Löffler (1899–1988) in seiner großen Monographie «Das alte Dresden» 1955 vorlegte, erinnern an den einstigen Glanz der Stadt. Es wird kaum jemanden geben, der ohne Erschütterung bleibt, wenn er sich danach den Photos des Dresdner Photographen Richard Peter sen. (1895–1977) stellt, einer Totenklage aus dem Jahre 1945, oder den Zeichnungen Wilhelm Rudolphs (1889–1982) aus dem zerstörten Dresden, die ebenso Kunstwerke des Spätexpressionismus sind wie Dokumente der dunklen Jahre 1945/46.

Man darf sich freuen, daß die weltbekannte Gemäldesammlung der Dresdner Galerie bis auf geringe Einbußen erhalten geblieben ist, daß die Schätze des «Grünen Gewölbes» und die Gemäldegalerie «Neue Meister» mit wichtigen Beständen von Caspar David Friedrich bis zu Otto Dix nach wie vor erlebt werden dürfen, daß der «Zwinger», diese beispiellose Lustschloß- und Orangerieanlage, ebenso wieder aufgebaut werden konnte wie die Katholische Hofkirche, die Kreuzkirche, das Japanische Palais, die Semperoper, daß der Genuß der Schlösser Moritzburg und Pillnitz und ihrer Gärten nicht eingeschränkt ist. Man darf an die ununterbrochene Tradition der Prozellanherstellung im nahen Meißen, an das Renomme dieses «Vieu Saxe» seit der augusteischen Epoche bis heute überall in der Welt

the monumental castle and cathedral of Meißen tower above the river on their hill.

The valley and the historical attractions outside of Dresden are still there, neither the process of industrialization which began at the end of the 19th century nor the last world war or the post-war period have diminished their beauty in any way. But the town itself, once the heart of this landscape, which managed to preserve its famous buildings and their contents until almost the end of the war, was bombed on 13. and 14. February 1945 and razed to the ground, only twelve weeks before the war ended.

This date is the most tragic in the history of Dresden. Even today there are no exact figures about the number of people who were burnt to death, suffocated or buried alive. The royal castle, the Zwinger, the art gallery, the opera house, all the most important churches, the Baroque noblemen's palaces and the patricians' houses were burnt to the ground or collapsed.

Pictures of Dresden such as the classical vedutas by the Venetian painter Bernardo Belotto, called Canaletto (1720–80), particularly the view of the right bank of the Elbe below the Augustus Bridge which he painted in 1748, and historical photographs of the town and its buildings such as those in «Old Dresden», the large monograph produced in 1955 by the doyen of Saxony's art historians, Fritz Löffler (1899–1988), all remind us of Dresden's former glory. Hardly anyone will remain unmoved who then looks at the photographs taken in 1945 by Richard Peter sen. (1895–1977), a photographer from Dresden, or at the drawings by Wilhelm Rudolph (1889–1982) of Dresden after the bombing; these are not only works of the late Expressionist period, they are also historical documents for those grim years of 1945/46.

We must find consolation in the fact that the world-famous collection of paintings in the Dresden gallery has been preserved, with one or two exceptions, that the treasures of the «Grünes Gewölbe» and the paintings in the «Neue Meister» gallery, among them important works from Caspar David Friedrich to Otto Dix, can still be viewed, that the Zwinger, that unique castle with its orangery, the Catholic Court Church, the Kreuzkirche, the Japanese Palace and Semper's Opera House have been rebuilt and that it is still possible to enjoy the delights of castles like Moritzburg and Pillnitz and their gardens. And mention should also be made at this juncture of the unbroken tradition of manufacturing

Lößnitz à nouveau un riche paysage de jardins et de vignes surplombé sur la rive gauche par une oeuvre monumentale, à savoir la forteresse et la cathédrale de Meissen. La physionomie de la vallée et les points d'attraction historiques situés en dehors de la ville de Dresde ont été conservés jusqu' à nos jours. L'industrialisation qui a commencé vers la fin du 19ème siècle, la dernière Guerre Mondiale et l'époque d'après-guerre n'ont en rien porté atteinte à leur beauté. Mais la ville elle-même, le coeur de cet ensemble, qui presque jusqu' à la fin avait réussi à conserver sa silhouette, ses monuments et ses décors, fut bombardée et incendiée le 13 et 14 février 1945, trois mois avant la fin de la guerre. Cette date est l'une des plus douloureuses de l'histoire de Dresde. Le nombre exact des personnes brûlées, asphyxiées ou ensevelies sous les décombres est de nos jours encore ignoré. Le château résidentiel, le Zwinger, la Galerie de Peinture, l'Opéra, toutes les belles églises, le Palais de la noblesse et les maisons bourgeoises ont été entièrement brûlés et se sont effondrés.

Les peintures sur Dresde comme celle de style classique de Bernardo Bellotto, dit Canaletto (1720–80) avec la représentation de la rive droite de l'Elbe en aval du pont Augustus, réalisée par le peintre vénitien en 1748 et les photos anciennes de la ville et de ses monuments présentées en 1955 par le Nestor de l'histoire de l'art saxon: Fritz Löffler (1899–1988) dans sa grande Monographie «L'ancien Dresde», nous rappellent la gloire du Dresde d'antan. Il n'est pas possible de ne pas être bouleversé par les documents que nous a fournis le photographe Dresdois Richard Peter (l'ainé, 1895–1977), véritable plainte funèbre de l'année 1945, ou par les dessins de Wilhem Rudolph (1889–1982) représentant la dévastation de Dresde qui sont non seulement des oeuvres d'art de la fin de la période expressionniste mais des pièces témoins sur les années sombres de 1945/46.

Nous pouvons nous réjouir du fait que la collection de peintures de renommée mondiale de la Galerie de Dresde à part quelques pertes soit restée intacte, que les trésors de la Voûte Verte et la Galerie de peinture «Neue Meister» comptant des oeuvres allant de Caspar David Friedrich jusqu' à Otto Dix aient survécues, que le Zwinger, ce château de plaisance unique, et l'Orangerie aient pu aussi comme la Cathédrale, l'église Sainte-Croix, le Palais Japonais, l'Opéra de Semper être reconstruits, et que l'on ne soit pas privé du plaisir des châteaux de Moritzbourg et de Pillnitz ainsi que de leurs

und an andere wertvolle Kontinuitäten erinnern. Man darf nach den unerwarteten politischen Veränderungen seit dem 9. November 1989 begründet hoffen, daß das Residenzschloß, noch immer weitgehend Ruine, wiederhergestellt werden kann, daß Restaurierungen an weiteren desolaten Baudenkmälern möglich werden. Doch wird man sich auch eingestehen müssen, daß das alte Dresden, jenes städtebauliche und architektonische Ereignis höchsten Ranges, welches Belotto und Löffler vorstellten, vergangen ist, das heutige und zukünftige nur ein Fragment des historischen sein kann. Es fehlt die barocke Frauenkirche George Bährs, der wichtigste Sakralbau des deutschen Protestantismus, dessen Kuppel das «Klangbild» der Stadtsilhouette vollkommen machte. Es fehlt die spätgotische Sophienkirche in Nähe des Schlosses, die aus dem allgemeinen Bewußtsein schon fast verschwunden ist. Es fehlt vor allem auch die Fülle der barocken Stadtpalais des sächsischen Adels und die Menge der meist barocken Bürgerhäuser, deren Gestaltung sowohl den Wohlstand ihrer Besitzer wie auch eine gewisse protestantische Zurückhaltung anzeigten. Diese Adels- und Bürgerbauten bildeten unverwechselbare Straßen- und Platzräume, rahmten und begleiteten die Großbauten in vollkommener Weise, erklärten deren Maßstäbe, konstituierten den Stadtorganismus, ließen die Schönheit der Stadt erst makellos erscheinen.

Der Schriftsteller Erich Kästner, 1899 in Dresden geboren, in München 1985 gestorben, schrieb 1957 in seinem Jugendbuch «Als ich ein kleiner Junge war»: «Wenn es zutreffen sollte, daß ich nicht nur weiß, was schlimm und häßlich, sondern auch, was schön ist, so verdanke ich diese Gabe dem Glück, in Dresden aufgewachsen zu sein. Ich mußte, was schön sei, nicht erst aus Büchern lernen. Nicht in der Schule und nicht auf der Universität. Ich durfte die Schönheit einatmen wie Försterkinder die Waldluft. Die Katholische Hofkirche, George Bährs Frauenkirche, der Zwinger, das Pillnitzer Schloß, das Japanische Palais, der Jüdenhof und das Dinglingerhaus, die Rampische Gasse mit ihren Barockfassaden, die Renaissanceerker in der Schloßstraße, das Coselpalais, das Palais im Großen Garten mit den kleinen Kavaliershäusern und gar, von der Loschwitzhöhe aus, der Blick auf die Silhouette der Stadt mit ihren edlen, ehrwürdigen Türmen – doch es hat ja keinen Sinn, die Schönheit wie das Einmaleins herunterzubeten!»

Auch als schon fast alles zerstört war, sahen nur wenige den ursächlichen Zusammenhang von Hitlerdeutschlands Kriegserklärung und der Proklamation des totalen Krieges durch Goebbels mit den Flächenbombardements der britischen Royal Air Force über Dresden und anderen deutschen Städten. Die Dresdner Zeitung «Der Freiheitskampf» erschien am 16.2.1945 mit der Hauptschlagzeile «Trotz Terror: Wir bleiben hart», am 16.4.1945 mit «Dresden wird bis zum letzten mit allen Mitteln verteidigt». In der «Neuen Züricher Zeitung» vom 11.3.1945 ist über die Ereignisse des 13. und 14.2.1945 zu lesen: «Ein klares Bild vom Umfang der Zerstörungen, von dem, was an architektonischen und anderen künstlerischen Werten unwiederbringlich verloren ist, und dem, was die Katastrophe vielleicht überdauert, wird man erst später gewinnen können, wenn die Rauchwolke der Kriegspropaganda sich verzogen haben wird. Denen, die heute im Dunkel dieser Wolke die Stimme zur Klage über die Ruinen erheben wollen, gebricht es an der Legitimation und an der Glaubwürdigkeit in jedem Sinne. Ihnen war in dem Krieg, in den sie Europa stürzten und den nun Deutschland in der bittersten Form bis zur Neige kosten muß, die Verfeinerung der menschlichen Gesit-

china in nearby Meißen, of the standing which this «Vieu Saxe» has enjoyed all over the world ever since the days of Elector August and of many other valuable links with the past. In the light of the unexpected political changes that have taken place since November 9th, 1989, there is every reason to hope that the Residence, still for the most part a ruin, can be restored and that restoration work can also be started on other monuments. One thing is, however, sure – old Dresden, that architectural wonder of the first order captured for us by Belotto and Löffler, has gone for ever and what is left today, and what can be made of it in the future, can only be a shadow of what historical Dresden once was. The Baroque Church of Our Lady by George Bähr, the most important sacred building for Protestants in Germany, the dome of which added the final note of harmony to the Dresden skyline, is no longer there. The late Gothic church of St. Sophia near the castle is also no longer there and has almost been forgotten. And above all there are none of the many Baroque town residences of the Saxon nobility left and all the patricians' houses, also in the Baroque style, which demonstrated the wealth of their owners as well as a certain typically Protestant restraint, are also long gone. These palaces and houses created a network of streets and squares as a framework for the larger buildings, provided a standard of comparison as to size, made the town seem better organised and enhanced its beauty. Erich Kästner, the writer, who was born in Dresden in 1899 and died in Munich in 1985, wrote in his book «Als ich ein kleiner Junge war» (When I was a little boy) in 1957: «If it can be said at all that I not only know what is awful and ugly but also what is beautiful then I owe this fortunate state of affairs to having grown up in Dresden. I didn't have to turn to books to learn what beauty was. I didn't learn it at school or at the university. I was able to breathe beauty in like a forester's children breathe in the healthy air of the woodlands. The Catholic Court Church, George Bähr's Church of Our Lady, the Zwinger, the castle at Pillnitz, the Japanese Palace, the Jüdenhof and the Dinglingerhaus, the Rampische Gasse with its Baroque facades, the Renaissance oriels in the Schloßstraße, the Cosel Palace, the palace in the Großer Garten with its smaller houses or even the view of the town with its noble old towers from the Loschwitzhöhe – but there is no point in rattling off the beauties of the town like something learned by rote.»

Even when almost everything had been destroyed there were only few people who saw the real connection between Hitler's declaration of war and Goebbel's proclamation of total war and the bombing of Dresden and other cities in Germany by the British Royal Air Force. On 16.2.1945 the headline of the Dresden newspaper «Der Freiheitskampf» was «Inspite of the terror we will remain firm», and on 16.4.1945 it ran «Dresden will be defended until the end». A report in the «Neue Züricher Zeitung» of 11.3.45 read: Only when the smoke screen of war propaganda has been lifted will we be able to get a clear picture of the extent of the damage and see which of the buildings and other works of art have been irrevocably lost and which might survive the catastrophe. Those people who are today raising their voices, before the smoke from the fires has settled, to bemoan the fate of Dresden simply lack all credibility. They would do well to remember just who plunged Europe into this war, of which Germany is now getting its share. The Germans have long since freed themselves of the burden of all finer feelings such as were reflected in the art of Dresden, considering them unnecessary ballast . . . »

parcs. Rappelons aussi la fabrication de haute tradition de la porcelaine de la région de Meissen, la renommée mondiale du Vieux Saxe depuis l'époque augustinienne jusqu'à nos jours. Après le tournant politique inattendu du 9 novembre 1989, nous pouvons espérer avec raison que la château de la Résidence, toujours en ruine, va pouvoir être reconstruit et que des restaurations pourront être effectuées. Cependant, il faut aussi avouer que le vieux Dresde à son époque de grandeur, au niveau de l'urbanisme et de l'architecture, représenté par Belotto et Löffler, n'est plus et que l'image actuelle et future qu'il nous donnera ne sera qu'un infime fragment de ce qu'il fut. Il nous manque l'église Notre-Dame baroque de George Bähr, l'un des plus importants édifices sacrés du protestantisme allemand dont le dôme donnait «la note» décisive à la silhouette de cette ville. Il nous manque aussi l'église Sainte Sophie en gothique flamboyant, accoudée au château et passée presque totalement dans l'oubli. Il nous manque surtout la richesse du Palais baroque qui abritait la noblesse saxonne et une multitude de demeures bourgeoises pour la plupart aussi de style baroque dont l'extérieur laissait deviner l'opulence des propriétaires en même temps qu'une certaine réserve protestante. Ces constructions de la noblesse et de la bourgeoisie traçaient des rues et des places toutes de caractère particulier, encadraient et accompagnaient les grands édifices de la ville, en soulignaient les proportions, étaient comme une structure faisant ressortir la beauté pure de cette ville.

L'écrivain Erich Kästner, né à Dresde en 1899, décédé à Munich en 1985, écrivit en 1957 dans ses Mémoires de jeunesse «Lorsque j'étais petit garçon»: «S'il est vrai que je sais ce qui est vilain et laid mais aussi ce qui est beau, je dois cette qualité à la chance d'avoir été élevé à Dresde. Je n'ai pas eu le besoin d'apprendre dans des livres ce qu'était le beau. J'ai pu respirer la beauté comme l'enfant d'un garde-chasse respire l'air de la forêt. L'église catholique de la Cour, l'église Notre-Dame de Bähr, le Zwinger, le château de Pillnitz, le Palais Japonais, la Cour des Juifs et la Maison de Dinglinger, la Rampische Gasse avec ses façades baroques, les encorbellements Renaissance dans la Schloßstraße, le Palais Cosel, le Palais dans le Grand Parc avec ses guérites des cavaliers et même aussi du haut de Loschwitz la vue sur toute la silhouette de la ville où les tours se dressent avec noblesse et fierté – mais cela n'a pas de sens de tout débiter comme pour une table de multiplication!»

Et même lorsque presque tout était détruit, peu de gens étaient à même de comprendre le rapport qu'il y avait entre la déclaration de guerre de l'Allemagne prononcée par Hitler et la proclamation d'une guerre totale par Goebbel avec le bombardement, par la Royal Air Force anglaise, de Dresde et des autres villes allemandes. Le journal de Dresde «Der Freiheitskampf» (Lutte pour la liberté) qui parut le 16.2.1945 avait pour titre: «Malgré la terreur: nour restons de fer», et le 16.4.1945: «Dresde luttera par tous les moyens jusqu'au bout». Les évènements du 13 et 14 février 1945 sont relatés de la manière suivante dans le «Neun Züricher Zeitung» (Nouveau journal Zurichois) du 11.3.1945: «On ne pourra se faire une image claire de l'ampleur du désastre sur ce qui est à jamais disparu et sur ce qui peut-être reste des trésors d'art et d'architecture que lorsque le nuage de fumée de la propagande de guerre se sera estompé. Ceux qui aujourd'hui dans l'ombre de ce nuage tentent d'élever la voix pour se plaindre des ruines ne peuvent pas tellement nous convaincre et manquent un peu de légitimation. Dans cette guerre où ils ont précipité l'Europe et que l'Allemagne maintenant doit supporter avec amertume, le raffinement d'une civilisation in-

tung, wie sie die Hauptstadt Sachsens einst verkörperte, ein lästiges Gepäck – Ballast, den sie längst über Bord geworfen hatten . . . »

Der Dichter Gerhard Hauptmann (1862–1946), in Dresden 1884 Student an der Kunstakademie, schreibt am 29.3.1945: «Wer das Weinen verlernt hat, der lernt es wieder beim Untergang Dresdens. Dieser heitere Morgenstern der Jugend hat bisher der Welt geleuchtet . . . Ich bin nahezu dreiundachtzig Jahre alt und stehe mit einem Vermächtnis vor Gott, das leider machtlos ist und nur aus dem Herzen kommt: es ist die Bitte, Gott möge die Menschen mehr lieben, läutern und klären zu ihrem Heil als bisher.» Hören wir noch die einfachen Worte eines Offiziers der Siegermächte und eines Angehörigen der wohl ältesten Familie Dresdens! Sir Robert Saundby, Luftmarschall der Royal Air Force, schreibt 1964 in der deutschen Ausgabe von David Irving: «Der Untergang Dresdens» im Vorwort: «Daß die Bombardierung Dresdens eine erschütternde Tragödie war, kann niemand leugnen. Daß sie militärisch wirklich notwendig gewesen ist, werden nach der Lektüre dieses Buches nur noch wenige glauben. Sie war eines jener furchtbaren, durch eine unglückliche Verkettung von Umständen hervorgerufenen Ereignisse, wie sie zuweilen im Krieg vorkommen.» Und in den Memoiren des Prinzen Ernst Heinrich v. Sachsen (1896–1971), eines Sohnes des letzten sächsischen Königs, liest man über den 13. Februar 1945: «Wir fuhren Richtung Dippoldiswalde bis zur Ortschaft Bannewitz, die hoch über dem Elbtal liegt. Von dort aus bot sich ein furchtbarer Anblick. Die ganze Stadt war ein einziges Feuermeer. Das war das Ende! Da brannte das herrliche Dresden, unser Elbflorenz, in dem meine Familie fast 400 Jahre residiert hatte. Kunst und Tradition und Schönheit waren in einer einzigen Nacht zerschlagen worden! Ich stand wie versteinert.» (Mein Lebensweg vom Königshof zum Bauernhof, München 1969., S. 272).

The poet Gerhard Hauptmann (1862–1946), who was a student at the Academy of Arts in Dresden in 1884, wrote on 29.3.1945: «Anyone who has forgotten how to weep will certainly be able to weep again over the fall of Dresden. This bright star of my youth has shone on the whole world so far . . . I am almost 83 years old and stand before my Maker, helpless, but with a plea that comes from the heart: that He should love his children more dearly than before and guide and lead them to their salvation.» And let us also quote the simple words of an allied officer and those of a member of Dresden's probably oldest family. Sir Robert Saundby, air marshall in the Royal Air Force, wrote in 1964 in the preface to the German edition of David Irving's «The Fall of Dresden»: Nobody can deny that the bombing of Dresden was a dreadful tragedy. Only few will still believe that it was necessary after reading this book. It was one of those dreadful things which result from a sequence of unfortunate events, as often happens in wartime.» And in the memoirs of Prince Ernst Heinrich of Saxony (1896–1971), a son of the last Saxon king, we can read under the date 13th February, 1945: «We drove in the direction of Dippoldiswalde, as far as Bannewitz, which was high above the valley of the Elbe. There a dreadful sight met our eyes. The whole of the town was on fire. This was the end! Below us Dresden, the Florence on the Elbe, the town which had been the home of my family for almost 400 years, was on fire. Art, tradition and beauty were all destroyed in one single night! I stood there as if turned to stone.» (My Way through Life – from Court to Farmyard, Munich 1969, p.272).

carné par la capitale de la Saxe n'était qu'un poids gênant – une charge qu'ils avaient depuis longtemps jetée par-dessus bord . . . »

Le poète Gerhard Hauptmann (1862–1946), étudiant en 1884 à l'Académie des Beaux Arts à Dresde, écrivit le 29.3.1945: «Celui qui ne sait plus pleurer apprend à nouveau face à l'écroulement de Dresde. Elle a jusqu'ici donné le ton au monde entier . . . Je suis sur le point d'atteindre ma 83ème année et debout devant Dieu, je me permets de prononcer un voeu malheureusement non réalisable mais qui vient du coeur: ce voeu serait que Dieu puisse aimer encore plus les êtres humains, puisse mieux les affiner et les mener encore sur une voie meilleure». Ecoutons les paroles simples d'un officier des troupes victorieuses et d'un des membres d'une des plus vieilles familles de Dresde! Sir Robert Saundby, Maréchal de la Royal Air Force, écrivit en 1964 dans la parution allemande de David Irving: «La chute de Dresde», dans sa préface:» Personne ne peut nier que le bombardement de Dresde a eu l'ampleur d'une tragédie bouleversante.

Après la lecture de ce livre, très peu de personnes croiront au fait que cette démarche militaire était indispensable. La ville a été victime d'un de ces concours de circonstances malheureux qui adviennent parfois dans les guerres». Et l'on peut lire dans les Mémoires du Prince Ernst Heinrich de Saxe (1896–1971), un des fils du dernier Roi de Saxe, à propos du 13 février 1945: Nous nous sommes déplacés en direction de Dippoldiswalde jusqu'au village de Bannewitz qui surplombe la vallée de l'Elbe. Du haut de cette colline, un spectacle horrible s'est offert à nos yeux. La ville entière n'était qu'une mer de feu. C'était la fin du monde! Je voyai brûler la merveilleuse Dresde, notre Florence sur l'Elbe dans laquelle ma famille avait résidé pendant presque 400 ans. L'art, la tradition et la beauté avaient été effacés en une seule nuit! J'étais comme pétrifié sur place». (Ma vie de la cour Royale au domaine rural, Munich 1969, p. 272).

Blick von der Ruine der Kath. Hofkirche auf die zerstörte Altstadt, Foto von Richard Peter sen., 1945.

View from the ruins of the Catholic court church of the Altstadt, a photograph by Richard Peter senior, 1945.

Vue des ruines de la cathédrale sur le Altstadt dévasté, photo de Richard Peter, père, 1945.

Sachsen und Meißen

Die Sachsen waren im 7. und 8. Jahrhundert ein mächtiger germanischer Volksstamm zwischen unterem Rhein und unterer Elbe, gegen den König Karl d. Große einen dreißigjährigen erbitterten Kampf führte. Ein Teil des Stammes, die Angelsachsen, war im 5. Jahrhundert auf die britischen Inseln ausgewandert. Mit der Unterwerfung des Sachsenherzogs Widukind unter die fränkisch-karolingische Reichsgewalt und seiner Taufe 785 war der Kampf beendet. Im 10. und 11. Jahrhundert lag der Schwerpunkt des sächsischen Stammesherzogtums am Harz und der unteren Elbe. Quedlinburg, Braunschweig und Goslar waren wichtige Pfalzen. Der zweite Inhaber dieses Herzogtums, Heinrich, war 919 zum ersten deutschen König gewählt worden. Der Name des 1946 neu konstituierten Bundeslandes Niedersachsen will an dieses alte sächsische Herzogtum erinnern.

Nach dem Sturz Heinrichs des Löwen, des mächtigen Doppelherzogs von Sachsen und Bayern, durch Kaiser Friedrich Barbarossa 1176, übertrug man den Sachsen-Namen auf eines der kleinen Territorien, das nach Zerschlagung des alten Stammesherzogtums gebildet worden war, das jüngere Herzogtum Sachsen, an der mittleren Elbe gelegen, mit der Hauptstadt Wittenberg. Die Inhaber der Herrschaft aus dem Hause der Askanier besaßen die Kurwürde, gehörten also zu den sieben Kurfürsten des alten Reichs, die den Kaiser wählen durften. Als im Jahre 1423 der letzte sächsische Kurfürst aus dem askanischen Haus starb, übertrug der Kaiser das Herzogtum Sachsen zusammen mit der Kurwürde an Friedrich IV., den Streitbaren, Markgraf von Meissen, aus dem Hause Wettin.

Das überaus erfolgreiche Haus Wettin, das sein älteres Territorium zwischen Saale und Elbe bereits im 14. Jahrhundert um die Landgrafschaft Thüringen erweitern konnte, hatte damit auch im nördlichen Mitteldeutschland Positionen gewonnen und konnte seinen Rang erhöhen.

Die Mark Meißen, das Land zwischen Saale und Elbe, war im 12. und 13. Jahrhundert und noch bei Beginn des Spätmittelalters eine Kolonialprovinz des Reiches wie die Mark Brandenburg. Siedler aus den älteren Teilen des Reiches an Rhein, Weser, Main, Donau waren vor allem in der Zeit der staufischen Kaiser und Könige unter der Anleitung königlicher adliger Beamter in die östlichen Grenzgebiete eingewandert, kolonisierten diese Wald- und Sumpfgebiete, überlagerten die ältere westslawische Bevölkerung und vermengten sich mit ihr. Burgen wurden als Stützpunkte erbaut, Fluren vermessen, Kolonistendörfer angelegt, Kirchen gegründet.

König Heinrich I. ließ 928 einen Felsen über dem Westufer der Elbe, den Meißener Burgberg, als Stützpunkt gegen die Slaven befestigen. Er wurde Sitz des vom König eingesetzten Markgrafen. Marken waren Grenzzonen des Königreichs, die besonders zu sichern waren, Markgrafen die damit beauftragten und mit Land und Besitz belehnten Beamten. Kaiser Otto I. (der Große) stiftete 968 das Bistum Meißen mit Bischofssitz auf demselben Burgberg. 1046 wird die «Marchia misnensis» erstmals genannt. Markgraf, Bischof und ein Burggraf als die örtliche herrschaftliche und Gerichtsinstanz, teilten sich den Platz über der Elbe. Diese frühen historischen Vorgänge sind noch heute ablesbar. Man findet den Dom des Bischofs, südlich davon die Domherrenhöfe (Kurien), über dem östlichen Steilhang die Markgrafenburg, beim westlichen Zugang zum Burg- und Domberg den Burggrafensitz.

Unter den Markgrafen waren große Persönlichkeiten.

Saxony and Meißen

In the seventh and eighth centuries the Saxons were a powerful Germanic tribe which lived between the Lower Rhine and the Lower Elbe, the tribe against which Charlemagne waged a bitter war for over thirty years. Part of this tribe, the Anglo-Saxons, had migrated to the British Isles in the fifth century. The struggle ended when the Saxon Duke Widukind submitted to the power of the Franco-Carolingian imperial house and was christened in 785. During the tenth and eleventh centuries the tribal dukedom of the Saxons was centred on the Harz and the Lower Elbe. Quedlinburg, Brunswick and Goslar were important centres. The second ruler over this dukedom, Duke Heinrich, was elected to be the first German king in 919. The name of the newly-founded federal state of Niedersachsen was chosen in 1945 in remembrance of this old Saxon dukedom.

After the fall from power of Duke Heinrich der Löwe, the powerful ruler over two dukedoms, Saxony and Bavaria, at the hands of Emperor Friedrich Barbarossa in 1176, the name Saxony was conferred on one of the smaller territories which had established itself when the old tribal dukedom had broken up, this was the new dukedom of Saxony on the Elbe with Wittenberg as its capital. The rulers from the House of Ascane were electoral princes, which meant that they numbered among the seven electors of the old empire who had the right to elect the emperor. When the last Ascanian Elector of Saxony died in 1423, the Emperor conferred the dukedom of Saxony and the electoral status on Friedrich IV der Streitbarer, the Margrave of Meißen from the House of Wettin.

The House of Wettin was already quite powerful. It had been able to extend its original territory between the Saale and the Elbe to include the landgravate of Thuringia in the 14th century, thus gaining a stronger position in the northern part of central Germany and thereby improving its standing.

The Meißen March, the area between the Saale and the Elbe, was a colonial province of the Empire, as was the Brandenburg March, throughout the 12th and the 13th centuries and at the beginning of the Late Middle Ages. Settlers from the older parts of the Empire on the Rhine, the Weser, the Main or the Danube had migrated to this area along the eastern border of the Empire under the leadership of noblemen who were court officials, particularly during the reigns of the Staufen emperors and kings.

They had settled in the woody, marshy area, superimposed their culture on the people living there, who were west Slavs, and intermarried with them. Castles were built for defense purposes, the land was surveyed, villages were established and churches founded.

King Heinrich I had the rock above the west bank of the Elbe, the castle hill in Meißen, fortified in 928 as a defense against the Slavs. The castle became the seat of the margrave sent by the king. The marches were the border country of the Empire and as such had to be specially protected, margraves were officials who were given this task and rewarded with land and property. Emperor Otto I (the Great) created the bishopric of Meißen in 968 with the official seat being on that same castle hill. In 1046 first mention is made in records of the «Marchia misnensis». A margrave, a bishop and a burgrave shared the power, both temporal and judicial. There are still traces of these early historical developments to be seen today. To the south of the bishop's cathedral on the hill are the houses of the canons (curia), the margrave's castle is on the steep slope on the

La Saxe et Meissen

Les Saxons étaient au 7éme et 8éme siècle une tribu germanique puissante installée entre le Bas-Rhin et en aval de l'Elbe contre laquelle le roi Charlemagne mena trente ans durant une lutte acharnée. Une partie de cette tribu, les Anglo-Saxons, avait au 5éme siècle emmigré vers les iles britanniques. La lutte prit fin avec l'assujetissement du duc de Saxe Widukind aux forces de l'Empire carolingien-franconien et son baptême, en 785. Au 10éme et 11éme siècle, le centre du Duché saxon se trouvait dans le Harz et en aval de l'Elbe. Quedlinbourg, Braunschweig et Goslar étaient des palatinats importants. Le deuxième détenteur de ce duché Heinrich fut en 919 le premier a être nommé roi allemand. Le nom accordé en 1946 à la nouvelle fédération de la Basse-Saxe vient de cet ancien duché saxon.

Après la chute d'Henri le Lion, ce puissant duc régnant à la fois sur la Saxe et la Bavière, vaincu en 1176 par Frédéric Barberousse, le nom de Saxe fut reporté à l'un des petits territoires qui avaient été constitués après l'effondrement de l'ancien duché, le nouveau duché de Saxe, se trouvant dans le moyen bassin de l'Elbe et ayant pour capitale Wittenberg. Les personnes détenant les pouvoirs venaient de la Maison des Ascaniens, avaient les dignités électorales et faisaient donc partie des 7 électeurs du vieil Empire qui avaient le droit d'élire le roi. En 1423, lors de la mort du dernier Prince Electeur saxon de la lignée des Ascaniens, l'empereur attribua le duché de Saxe ainsi que les dignités électorales à Frédéric IV, dit le Belliqueux, margrave de Meissen, issu de la maison Wettin. La maison Wettin qui était d'une grande puissance et qui déjà au 14éme siècle avait étendu son territoire qui se trouvait entre la Saale et l'Elbe au landgraviat de Thuringe, venait ainsi de prendre position au nord de l'allemagne centrale et élevait à nouveau son rang.

La marche de Meissen, le district situé entre la Saale et l'Elbe était au 12éme siècle et encore sur la fin du Moyen-Age une province coloniale de l'Empire tout comme la marche de Brandebourg. Les populations des anciennes régions de l'Empire bordant le Rhin, le Weser, le Main et le Danube, s'étaient déplacées, principalement sous la dynastie des Staufer et sous l'influence de hauts fonctionnaires de la Cour, vers les territoires frontaliers de l'Est, avaient pris possession de cette région de forêts et de marécages, s'étaient imposés et ensuite confondus au peuple slave de l'Ouest. Ils construirent des forteresses, ils se répartirent les terres, des villages de colons furent érigés et des églises furent fondées.

En 928, le roi Henri I fit édifier sur un promontoire rocheux sur la rive Ouest de l'Elbe, la forteresse de Meissen afin de se protéger contre les slaves. Cette dernière devint le siège du margrave désigné par le roi. Les marches étaient les régions frontières du royaume qu'il fallait tout particulièrement protéger et ce rôle revenait au margrave qui était un fonctionnaire ensaisiné à des terres et de la propriété. Sur cette même fortification, l'Empereur Otto I (le Grand) ordonna la fondation, en 968, de l'évêché de Meissen. La «Marchia misnensis» est mentionnée pour la première fois en 1046. Le margrave, l'évêque et un burgrave, en tant qu'instance judiciaire en place, se partageaient sur les rives de l'Elbe. On retrouve encore de nos jours les traces de ce partage historique. On aperçoit la cathédrale de l'évêché avec au sud les demeures seigneuriales (la curie), sur la colline côté Est la forteresse du margrave, et sur la voie d'accès Ouest, menant à la forteresse et à la cathédrale, le siège du burgrave.

Wir wissen von Ekkehard (gest. 1046) und seiner Gemahlin Uta und kennen die steinernen Skulpturen, die einer der größten Bildhauer, der Naumburger Meister, etwa zweihundert Jahre nach Ekkehards Tod geschaffen hat. 1089 wurde Heinrich von Eilenburg die Markgrafenwürde vom König übertragen. Er war der erste aus dem Geschlecht der Wettiner, die dann 829 Jahre lang ununterbrochen bis 1918 – als Markgrafen, Herzöge, Kurfürsten, Könige – ihr Land regierten. Als eigentlicher Begründer des wettinisch-meißnisch-sächsischen Landesstaates gilt allerdings Heinrichs Nachfolger, Markgraf Konrad der Große (1123–56), der sich bereits nicht mehr als königlicher Beamter, sondern als Reichsfürst verstand.

Während die Bischöfe ständig auf dem Meißener Domberg residierten, schlugen die Markgrafen nach mittelalterlichem Brauch an verschiedenen Orten ihres Territoriums wechselnd ihre Hofhaltung auf. Zum markgräflichen Territorium gehörte seit 1264 auch die Landgrafschaft Thüringen, so daß die Menge der wettinischen Besitzungen von Coburg im Westen bis zur Niederlausitz östlich der Elbe reichte – allerdings nicht als geschlossenes Gebiet. Meißen war ein Haupt-ort des Landes. Hier läßt sich zur Zeit des Markgrafen Heinrich d. Erlauchten (1221–88), der selbst Minnesänger war, eine frühe Kulturblüte verzeichnen. Heinrichs Bruder Dietrich war jener Naumburger Bischof, der den dortigen Dom neu bauen ließ und den Naumburger Meister berief, dessen Werkstatt auch für Meißen bedeutsam wurde. Heinrich war der Onkel der Hl. Elisabeth, deren Marburger Kirche gleichfalls für den Meißner Dom vorbildlich wurde.

Im Austausch mit anderen geistigen Zentren gewann das Meißnisch-Sächsische damals ein erstes kulturelles Profil. Man muß sich dabei erinnern, daß sich die Bevölkerung der Mark Meißen nicht von einem alten Stamm ableitete, wie diejenige in Bayern und in den alemannischen und fränkischen Reichsteilen. Hier bildete sich ein «Staatsvolk» erst aus Einwanderern und Westslaven, hier mußte eine Mischbevölkerung, die sich bekämpft, aber auch verschmolzen hatte, über-haupt erst ihre gemeinsame Sprache finden: die sächsische Kanzleisprache der Bibelübersetzung Martin Luthers – aber auch den berühmten sächsischen Dialekt, der viele westslavische Elemente enthält. Selbst der Name «Sachsen» für Land und Leute wurde im Gebiet der alten Markgrafschaft erst spät, im ausgehenden 15. Jahrhundert, verbindlich.

Seit 1464 regierten die Brüder Kurfürst Ernst (1441–86) und Herzog Albert (1443–1500) gemeinsam die wetti-nische Ländermasse, deren Hauptstadt Wittenberg war. Auf dem Meißner Dom- und Burgberg ließen sie jedoch seit 1470 durch ihren Baumeister Arnold von Westfalen ein neues Residenzschloß bauen, das seines-gleichen sucht. Arnold, der 1481 starb, kannte mit Sicherheit französische zeitgenössische Schlösser, die für sein Werk vorbildlich waren, auf das Hotel Coeur in Bourges (1443–51) wurde immer wieder hingewiesen. Der Bau, der später Albrechtsburg genannt wurde, hatte die Funktion einer Festung wie auch einer prächtigen Residenz.

1485 teilten die Brüder Ernst und Albrecht ihr Land. Ernst, dem die Kurwürde blieb, regierte bis zu seinem Tod 1486 die thüringischen Gebiete, das westliche Sachsen und den Norden von Wittenberg aus. Ihm folgte sein Sohn Kurfürst Friedrich d. Weise (1486–1525), der Freund Luthers. Albrecht, seit 1500 sein Sohn Georg, regierte im alten meißnischen Stammge-biet und verlegte die Residenz nach Dresden. Die Albrechtsburg wurde zwar vollendet, aber sogut wie nie bewohnt. Der Dom nebenan war durch die Reforma-

eastern side and the seat of the burgrave is situated near the western approach to the castle and cathedral hill. Some of the margraves were well-known personalities. We have, for example, all heard of Ekkehard (died 1046) and his wife Uta and are familiar with the stone sculptures created by one of the great sculptors, the master of Naumburg, about two hundred years after Ekkehard's death. In 1089, Heinrich of Eilenburg was created margrave by the king. He was the first margrave from the House of Wettin which then ruled for 829 years without interruption until 1918, first as margraves, then dukes and electors and finally as kings. It was, however, Heinrich's successor, Margrave Konrad the Great (1123–56), who is really considered to have established the territory of the houses of Wettin, Meißen and Saxony and who no longer saw himself as an official in the service of the king but as a prince of the Empire.

Whereas the bishops always resided on the cathedral hill of Meißen, the margraves tended, in accordance with medieval custom, to set up their courts at various different places in their territory. Since 1264, Thuringia had also been part of this territory so that the lands belonging to the House of Wettin stretched over an area from Coburg in the west to Niederlausitz east of the Elbe – although not one single territory. Meißen was one of the main towns. Culture began to flourish in Meißen at an early date under Margrave Heinrich der Erlauchte (1221–88) who was himself a minnesinger. Heinrich's brother Dietrich was the bishop of Naum-burg who had the cathedral built in Naumburg and appointed the master of Naumburg, who was later to play such an important part in Meißen. Heinrich was the uncle of St. Elisabeth, whose church in Marburg was also to play an important role in the building of the cathedral in Meißen.

Through exchange with other spiritual centres Meißen, and Saxony, gradually acquired a cultural profile. We should not forget that the population of the Meißen March was not descended from an old tribe, like that of Bavaria or the populations of the Alemannic and Franconian parts of the Empire. In Meißen the population had first to develop into an entity and find a common language: the formal Saxon language used by Martin Luther in his translation of the Bible – but also the famous Saxon dialect which contains many ele-ments of West Slavonic languages. The names Saxony and the Saxons only became official terms of reference in the old margravate relatively late, at the end of the 15th century. After 1464 two brothers, Elector Ernst (1441–86) and Duke Albert (1443–1500), ruled to-gether over the lands belonging to the House of Wettin, the capital of which was Wittenberg. In 1470, however, they had their architect, Arnold of Westphalia, start work on a new residence on the castle and cathedral hill in Meißen, a residence unequalled in its beauty. Arnold, who died in 1481, was almost certainly familiar with French castles of the period and copied the style in his work, frequent reference was made to the Hotel Coeur in Bourges (1443–51). This residence, which was later known as Albrechtsburg, was both a stronghold and a magnificent palace.

In 1485 Ernst and Albrecht divided their territory. Ernst, who retained the title of Elector, ruled over the lands in Thuringia, the west of Saxony and the north of Wittenberg until his death in 1486. He was succeeded by his son, Elector Friedrich der Weise (1486–1525) who was a friend of Martin Luther. Albrecht, and after 1500 his son Georg, ruled over the original territory around Meißen and moved the royal seat to Dresden. The Albrechtsburg was completed but hardly ever used

Les margraves comptaient des personnalités impor-tantes. Nous avons entendu parler d' Ekkehard (mort en 1046) et de son épouse Uta et nous connaissons les sculptures en pierre d'un des Maitres de Naumburg, réalisées environ deux siècles après la mort d' Ekkehard. En 1089, le roi attribua les dignités électorales de margrave à Heinrich von Eilenburg. Il fut le premier de la lignée de la maison Wettin qui par la suite dirigea cet état pendant 829 ans – que ce soit en tant que margrave, duc, Prince Electeur ou roi – sans interruption aucune, à savoir jusqu'en 1918.

Alors que les évêques résidaient à longueur d'année dans la fortification, les margraves, suivant la coutume Moyenâgeuse, déplaçaient leur cour à différents en-droits du territoire. Le margraviat s'étendant aussi depuis 1264 au Comté de Thuringe, cela signifie que les possessions de la maison Wettin allaient de Cobourg, situé à l'ouest, jusqu' à Niederlausitz qui se trouve à l'est de l'Elbe – cependant ce territoire n'était pas délimité. Meissen représentait l'un des centres de ce land. Et l'on constate qu' à l'époque du margrave Henri l'Illustre (1221–1288), qui lui-même était ménestrel, cette ville jouissait d'une culture florissante. Le frère d'Henri, Dietrich, fut l'évêque de Naumbourg qui fit recons-truire la cathédrale et avait pour cela fait appel au Maitre de Naumbourg dont l'atelier joua aussi un grand rôle dans l'histoire de Meissen. Henri était l'oncle de St Elisabeth dont l'église de Marbourg servit aussi d'exem-ple pour la cathédrale de Meissen.

Suite aux échanges qui avaient lieu avec les autres centres culturels, le caractère par la suite typique que l'on retrouve en Saxe et à meissen commençait à se dessiner. Il ne faut pas oublier que la population installée dans la marche de Meissen ne descendait pas d'une vieille tribu comme c'était le cas en Bavière ou dans les parties du royaume allemandes et franco-niennes. On avait à faire ici à un «peuple d'état» composé principalement d'émigrants et de slaves de l'ouest; il fallait que ce peuple mixte qui s'était combattu mais aussi confondu trouve d'abord un langage commun: le langage saxon de la Chancellerie que l'on trouve dans la traduction de la Bible par Martin Luther – mais aussi le fameux dialecte saxon qui détient de nombreux éléments slaves. Le mot même de «Saxe» signifiant Etat et Personne ne fut appliqué que plus tard à la région de l'ancien margraviat, environ vers la fin du 15éme.

Depuis 1464, le Prince Electeur Ernst (1441–86) et le duc Albert (1443–1500), deux frères, dirigeaient ensem-ble les possessions de la maison Wettin, ayant pour capitale Wittenberg. Ils se firent cependant construire sur la fortification de Meissen, par leur Maitre d'oeuvre Arnold de Westphalie, un château de plaisance inspiré de ceux de l'époque. Arnold qui mourut en 1481 connaissait certainement les châteaux de France de l'époque qui lui ont servi de modèles et entre autres l'Hôtel Coeur de Bourges qui était sans arrêt cité en exemple. Cette construction, dénommée par la suite Albrechtburg, avait à la fois la fonction d'une forteresse et d'un fastueux château de plaisance.

En 1485, les deux frères: Ernst et Albrecht se partagèrent les biens. Ernst qui avait conservé les dignités électo-rales, régna jusqu'en 1486, à sa mort, sur les états de Thuringe, de la Saxe occidentale et le nord de Wittenberg. Son fils, Frédéric le Sage (1486–1525), ami de Luther, lui succéda. Albrecht, et depuis l'an 1500 son fils Georges, régna sur l'ancien territoire de Meissen et transféra son lieu de résidence à Dresde. La forteresse Albrechtsburg fut en fait achevée mais pour ainsi dire jamais habitée. Suite à la Réformation, la cathédrale se trouvant à côté devait se contenter du rôle d'église

tion zur Pfarrkirche herabgesunken. Das große Zeitalter Meißens war zu Ende gegangen. Die Landesherren versuchten, einen Ausgleich zu schaffen, indem sie 1543 die Fürstenschule gründeten, ein Erziehungsinstitut für die Elite des Landes, Pastoren und Beamte zumeist, aus der auch Gotthold Ephraim Lessing (1729–81) hervorging. Sie verlegten 1710 außerdem die kurfürstliche Porzellanmanufaktur von Dresden in die Meißner Albrechtsburg, weil hier das Geheimnis der Herstellung am sichersten bewahrt und Künstler und Arbeiter am besten zum größtmöglichem Eifer getrieben werden konnten.

Die Anfänge und die Residenz der Renaissance

Die Geschichte Dresdens ist ein knappes Vierteljahrtausend jünger als diejenige Meißens. Die Markgrafen besaßen im späten 12. Jahrhundert links der Elbe, von Meißen aus etwa 20 Kilometer stromaufwärts, eine Burg, welche den dortigen Flußübergang schützte. Im Ostteil dieser großen romanischen Anlage, von deren Ausdehnung wir durch die Grabungen der Jahre 1986/87 erstmals genauere Kenntnis besitzen, residierten die Burggrafen von Dohna als Inhaber der örtlichen Herrschaft. 1206 wird eine «civitas» genannt, eine Siedlung mit Stadtcharakter, die südlich der Burg liegt, und bereits 1287 hören wir von einer steinernen Brücke über die Elbe, eine der Vorgängerinnen der heutigen Augustusbrücke. Sie wurde 1343 bei einem Eisgang zerstört und danach in einer Länge von 800 Schritten über vierundzwanzig Pfeilern neu erbaut. Seit dem mittleren 13. Jahrhundert bis 1918 wurde die komplizierte Geschichte der Burg und späteren kurfürstlichen und königlichen Residenz allein von den Markgrafen und den Nachfolgern aus ihrer Familie bestimmt. Der älteste sichtbare Teil des 1945 ausgebrannten und schwer beschädigten Baukomplexes, der bis zum Jahr 2008 wieder aufgebaut werden soll, ist der Unterbau des Hausmannsturms aus dem 12. Jahrhundert. Er ist auch das älteste bauliche Monument Dresdens.
Die Stadtsiedlung entstand planmäßig im 12. und 13. Jahrhundert. Ihr sehr großer Marktplatz (Altmarkt), ihre Straßenführungen und Häuserblöcke wurden im rechten Winkel angelegt, wie dies in den Kolonistensiedlungen Mittel- und Ostdeutschlands üblich war. Die beiden Hauptachsen der Stadt kreuzten sich in der Nordwestecke des Altmarktes, wo sich bis 1709 auch das älteste Rathaus befand. Nach Norden führte von hier aus die Schloßstraße zur Burg, zur Brücke, dann östlich weiter nach Görlitz und Krakau. Die zweite wichtige Achse war die nach Westen ziehende Wilsdruffer Gasse, in ihrer Verlängerung die Straße nach Freiburg, Chemnitz und Franken. In Süd-Nord-Richtung vollzog sich der Fernverkehr zu Schiff auf der Elbe, einerseits nach Böhmen, andererseits nach Wittenberg, Magdeburg, Hamburg. Als Pfarrkirche der Stadt galt bis 1539 die ältere Frauenkirche, die Vorgängerin des 1734 geweihten, 1945 zerstörten Barockbaus. Sie war Mittelpunkt eines älteren Fischerdorfes, an das die neue Stadtanlage nordöstlich angrenzte, das bis zur Mitte des 16. Jahrhunderts noch außerhalb der Stadtmauern lag und dann erst als «Neumarkt» einbezogen wurde. Innerhalb der Stadt, in der Südostecke des Altmarktes, befand sich dagegen von Anfang an die Nikolaikirche der bürgerlichen Kaufleute, später Kreuzkirche genannt, seit 1539 Pfarrkirche der Stadt. Sie wurde mehrfach, zuletzt seit 1764, dann 1897 und wiederum seit 1950 erneuert. Zu den Sakralbauten der

as a residence. The cathedral beside it had become a mere parish church as a result of the Reformation. The period of Meißen's greatness had come to an end. Various rulers over the territory tried to atone for this in different ways – in 1543 the Prince's School was founded, a school to educate the elite of the state, ministers of the church and court officials for the most part, which Gotthold Ephraim Lessing (1729–81) also attended. In 1710 the royal porcelain manufactory was moved from Dresden to the Albrechtsburg in Meißen, because it was felt that the secret of the manufacturing process could best be kept there and that the artists and workers would be inspired to give of their best in such magnificent surroundings.

The beginnings and the royal seat in the Renaissance

The history of Dresden is barely 250 years younger than that of Meißen. In the late 12th century the margraves owned a castle about 20 kilometres upstream from Meißen on the left bank of the Elbe, a castle which protected the crossing over the river at that point. The eastern part of this extensive Romanesque site – the full extent only became known in more detail after excavation work done in 1986/87 – was the residence of the burgraves of Dohna, who were the rulers in the area. In 1206 reference is made to a «civitas», a town-like settlement south of the castle and by 1287 there is even reference to a stone bridge over the Elbe, one of the predecessors of the Augustus Bridge of today. The bridge was destroyed by ice floes in 1343 and then rebuilt with a length of 800 paces on 24 supports. From the middle of the 13th century until 1918 the complicated history of the castle, which later became an electoral and royal seat, was dominated by the margraves and their successors. The oldest visible part of the site, which was badly damaged and partly burned down in the fires of 1945 and will have been rebuilt by 2005, is the foundation structure of the Hausmannsturm dating from the 12th century. It is also the oldest building in Dresden.
The town was settled throughout the 12th and 13th centuries. The very large market square (Altmarkt) and the streets and blocks of houses were erected at right-angles in the style typical of the colonial settlements in central and east Germany. The town's two main roads crossed at the north-west corner of the Altmarkt where, until 1709, the oldest town hall stood. From this point the Schloßstraße ran northwards to the castle and the bridge and then eastwards to Görlitz and Krakau. The second major road was the Wilsdruffer Gasse which ran westwards and became the road to Freiberg, Chemnitz and Franconia. Most traffic in the north-south direction used the Elbe, in one direction to Bohemia, in the other to Wittenberg, Magdeburg and Hamburg. Until 1539 the parish church was the first Church of Our Lady, the forerunner of the Baroque church of the same name that was consecrated in 1734 and destroyed in 1945. It was the centre of an old fishing village which bordered on the north-eastern edge of the town, which was still outside the town wall until the middle of the 16th century and was then incorporated and given the name of «Neumarkt». The church of St Nicolai in the south-eastern corner of the Altmarkt, which was the church attended by the merchants of the town and later became known as the Kreuzkirche, the parish church from 1539 onwards, had, on the other hand, stood within the walls right from the beginning. It was renewed several times, most recently in 1764, 1897 and again in 1950. Another of the sacred buildings of the

paroissiale. Pour Meissen, ce fut la fin de son époque de gloire. Les seigneurs terriens essayèrent de rétablir l'équilibre en fondant en 1543 la Fürstenschule, un institut pédagogique réservé à l'élite du pays, venant pour la plupart des milieux religieux ou fonctionnaire, d'où est sorti Gotthold Ephraim Lessing (1729–81). De plus, la manufacture de porcelaine de l'Electorat fut transférée de Dresde dans la forteresse d'Albrecht de Meissen car les secrets de fabrication pouvaient être mieux protégés et les artistes et employés plus motivés.

Débuts et histoire de la Résidence renaissance

L'histoire de Dresde est à peine un quart de siècle plus jeune que celle de Meissens. Vers la fin du 12ème siècle, les margraves occupaient sur la rive gauche de l'Elbe, à 20 Km environ en amont de Meissen, un château fort qui protégeait le passage du fleuve. Les margraves du Dohna régnant à l'époque sur cette région occupaient la partie est de cette immense construction romane dont nous avons pu avoir une idée plus juste après les fouilles effectuées en 1986/87. En 1206, une «civitas» venait d'être nommée, agglomération de structure citadine, dont l'emplacement se trouvait au sud de la forteresse et nous savons que déjà en 1287 il existait un pont en pierre qui a été apparemment l'ancêtre de l'actuel pont Augustus. Il fut en 1343 détruit par les glaces et reconstruit par la suite sur une longueur de 800 pieds et monté sur 24 pilotis. A partir du milieu du 13ème siècle jusqu'en 1918, l'histoire complexe de cette forteresse et ensuite résidence électorale et royale, ne fut dictée que par les margraves et les descendants de ces derniers. La partie ancienne que nous pouvons voir et qui nous est restée après l'incendie et les destructions subies par cet ancien édifice en 1945, est le socle de la tour Hausmann datant du 12ème siècle et qui devrait être remontée jusqu'en 2008.
L'établissement de cette population au cours du 12ème et 13ème siècle eut lieu d'après un plan précis. L'immense place du marché (Altmarkt), le tracé des rues et l'emplacement des blocs de maisons sont à angle droit comme c'était la coutume dans les villages de colons en allemagne centrale et à l'est. Les deux principales artères de la ville se croisaient dans la partie nord-ouest du Altmarkt où se dressait aussi, jusqu'en 1709, le plus vieil hôtel de ville. C'est de là que partait vers le nord la Schloßstraße qui conduisait à la forteresse, traversait le pont et prenait la direction de Gorlitz et Krakau. Le deuxième axe important s'en allait vers l'ouest, la Wilsruffer Gasse dont la prologation menait à Freiberg, Chemnitz et en Franconie. Les communications du sud au nord avaient lieu par bateau, sur l'Elbe, dans un sens vers la Bohême, dans l'autre vers Wittenberg, Magdebourg et Hambourg. – La vieille église Notre – Dame fut jusqu'en 1539 l'église paroissiale de cette ville, l'ancêtre en fait de l'édifice Baroque sacré en 1734 et rasé en 1945. Elle était au centre d'un ancien village de pêcheurs qui, jusqu'au milieu du 16ème siècle était encore en-dehors de la fortification et rattaché ensuite au Neumarkt. L'église St Nicolas par contre qui se trouvait dans l'enceinte de la ville, dans l'angle sud-est du Altmarkt, appellée par la suite Eglise Sainte-Croix, et dés le début fréquentée par des commerçants de la bourgeoisie ne devint église paroissiale qu'en 1539. Elle fut l'objet, à plusieurs reprises de nombreux travaux, en 1764 puis en 1897 et

ältesten Stadt gehörte die Kirche des 1265 südwestlich des Schlosses gegründeten Franziskanerklosters, seit dem 17. Jahrhundert Sophienkirche genannt. Sie wurde 1945 zerstört, die Ruine 1963 beseitigt. Zur Stadt gehörten wie üblich Mauern und Tore; unüblich war dagegen, daß sich am gegenüberliegenden Elbufer, vor dem nördlichen Brückenkopf, aus dem slawischen Fischerdorf Altendresden eine zweite Bürgersiedlung entwickelt hatte, die 1403 Stadtrecht erhielt. Sie wurde 1685 durch einen Brand verwüstet und danach als barocke Neustadt (Dresden-Neustadt) mit einer 540 Meter langen Mittelachse neu angelegt.

Die romanische Burg, die Pfahlwurzel Dresdens, war nach 1382 weiter ausgebaut worden, seit 1471 entstand ein spätgotischer Westflügel, der bereits 1547 wieder neuen Planungen weichen mußte. Mit der Landesteilung von 1485 war Dresden Residenz der albertinischen Linie geworden. In seiner langen Regierungszeit ließ Herzog Georg der Fromme (1500–39) sein Schloß zu einer modernen Vierflügelanlage ausgestalten. In der Schloßkapelle hatte 1517 Martin Luther gepredigt, der Herzog hielt aber im Gegensatz zu den ernestinischen Vettern in Wittenberg am alten Glauben fest. In Dresden und den albertinischen Landen wurde somit erst 1539 die Reformation eingeführt. In dem bedeutenden Landesfürsten verbanden sich tiefe Frömmigkeit und Interesse für die neuen Kunstideen der Renaissance. Das Elbtor (Georgentor) bei der Brücke, das er in Renaissanceformen über dem Vorgängerbau neu errichten ließ, zeigte an seiner Nordfront ein zwölf Meter langes, stark farbig gefaßtes Steinrelief mit der Darstellung eines Totentanzes, in dem auch Papst und

original town was the church belonging to the Franciscan monastery founded in 1265 to the south-west of the castle, which was called the Sophienkirche from the 17th century onwards. It was destroyed in 1945 and the ruins cleared away in 1963. Just like other towns, Dresden had walls and gates; it was, however, unusual that at the northern bridgehead on the other side of the Elbe the Slav fishing village of Altendresden had gradually developed into a second town which received its charter in 1403. It was destroyed by fire in 1685 and later rebuilt in the Baroque style (Dresden-Neustadt) with a central main road 540 metres long.

The Romanesque castle, Dresden's taproot, was extended after 1382; in 1471 a late Gothic west wing was added which had to make way for new plans again in 1547. When the territory was divided in 1485, Dresden became the royal seat of the Albertine line. Duke Georg der Fromme (1500–39) had the castle extended into a four-winged, more modern building in the course of his long reign. Martin Luther preached in the chapel in 1517 but, unlike his Ernestine cousins in Wittenberg, the duke still adhered to the old faith. This meant that the Reformation did not reach Dresden and the Albertine territory until 1539. Georg combined a deep piety with an interest in the new ideas of the Renaissance as far as art was concerned. The Elbe Gate (Georgentor) near the bridge, which he had built in the Renaissance style on the site of the previous gate, had a twelve-metre long stone relief edged in strong colour depicting a death dance and including both the Pope and the Emperor. Christoph Walther I, from a large family of sculptors, created this «momento mori», an

en dernier lieu depuis 1950. Un autre lieu saint faisant aussi partie de la vieille ville était l'église appartenant au cloître des Franciscains, bâti en 1265, connue depuis le 17ème siècle sous le nom de Sainte Sophie. Bombardée en 1945, ses ruines ont été écartées en 1963. Suivant l'usage de l'époque, la ville était protégée par des murs et des Portes; par contre, ce qui était étrange, c'était le développement sur l'autre rive, en tête du pont nord, de cette ancienne population de pêcheurs slaves du Vieux Dresde qui obtint en 1403 les droits civiques. Ravagé en 1865 par un incendie, ce quartier fut reconstruit dans un style baroque, l'actuel Neustadt, et traversé par un nouvel axe de 540 mètres de long. La forteresse romane, le pivot de Dresde, après 1382, avait été transformée et acquit à l'ouest, en 1471, une aile en style gothique flamboyant qui fut à nouveau, en 1547, l'objet de nouvelles transformations. Avec le démembrement de 1485, le château résidentiel de Dresde passa aux mains de la maison des Albertins. Durant son long règne, le duc Georges le Pieux, (1500–39) fit donner au château une structure quadrangulaire. Martin Luther était venu prêcher en 1517 dans la chapelle du château mais le duc, contrairement à ses cousins Ernestins de Wittenberg, s'en tenait fermement à l'ancienne croyance. C'est la raison pour laquelle la Réformation ne fut appliquée à Dresde et dans les territoires des Albertins qu'en 1539. On constatait dans les principaux électorats un grand intérêt et un grand respect pour les nouvelles tendances artistiques de style renaissance. La porte de l'Elbe (Georgentor), dressée à l'entrée du pont reconstruite à la place de l'ancienne en style Renaissance, était surmontée sur son front nord par un relief en pierre foncée de 12

Kaiser nicht fehlen. Christoph Walther I., Mitglied einer großen Bildhauersippe, schuf dieses «Memento mori», ein erstes Bildhauerwerk des neuen Stils, das sich heute in der Dreikönigskirche in der Neustadt befindet. Das Georgentor wurde beim Schloßbrand von 1701 zerstört. Das heutige Tor ist fast völlig ein Neubau von 1901, seine Formen wollen aber an die des 16. Jahrhunderts erinnern. An seiner Westseite befindet sich das originale ehemalige Hauptportal, geschaffen 1534 wohl von Steinmetzen aus der Lombardei. Man sieht Adam und Eva mit der Schlange und liest die mahnende Feststellung, daß mit der Sünde auch der Tod in die Welt gekommen ist. Der berühmte Moritz v. Sachsen (1541–53), der Neffe Georgs, ein wendiger Machtpolitiker, konnte als Beute aus dem Schmalkaldischen Krieg 1547 die Kurwürde für die albertinische Linie gewinnen. Sie wurde den ernestinischen Verwandten entrissen, der Stern Wittenbergs sank, Dresden als kurfürstliche Residenzstadt erhielt mächtige Impulse. Der Schwerpunkt der wettinischen Länder lag fortan bis 1918 bei Dresden, die ernestinischen Gebiete waren dagegen seit dem 17. Jahrhundert in Teilherzogtümer zersplittert, die allerdings – wie der weimarische Staat der Goethezeit – erstaunliche Blütezeiten erreichen konnten. Moritz ließ noch 1547 den etwa 50 Jahre alten Westflügel seiner Residenz abbrechen, den Innenhof um das doppelte erweitern und einen neuen Westbau errichten. Im Innenhof entstanden Türme in den Ecken mit bequemen Wendeltreppen. Dem alten Hausmannsturm in der Mitte des Nordflügels wurde an der Hofseite eine festliche viergeschossige Loggia vorgelegt. Im gleichen Flügel entstanden auch die neue Hofkapelle, seit 1617 wichtigste Wirkungsstätte des Hofkapellmeisters Heinrich Schütz (1585–1672) und im neuen Ostflügel der sog. Riesensaal, der wichtigste Repräsentationsraum des Kurstaats im 16. und 17. Jahrhundert. Die Fassaden der Schloßflügel, ihre Ziergiebel und die Türme waren teppichartig in Weiß, Grau und Schwarz mit Ornamenten und Gruppen von Figuren überzogen, gearbeitet in Sgraffito-Technik.

early piece of sculpture in the new style which can be found today in the Trinity Church in Neustadt. The Georgentor was destroyed in a fire in the castle in 1701. The present gate is almost completely new, built in 1901, but the forms are reminiscent of those of the 16th century. On the west side is the original former main gate, built in 1534 probably by masons from Lombardy. Adam and Eve are depicted with the serpent and an inscription warns us that death came into the world with sin. Moritz of Saxony (1541–53), Georg's famous nephew, was a clever power politician who succeeded in bringing home the electoral rights for the Albertine line when he returned from the Schmalkaldic War in 1547. It was snatched from the Ernestine line, Wittenberg's star was in the descendent, Dresden became the electoral seat and gained new impetus. From then until 1918, Dresden was the centre of the territory ruled over by the House of Wettin; the Ernestine territory, on the other hand, was divided up into part-dukedoms after the 17th century which, however, also flourished in some instances – for example the state of Weimar in the time of Goethe. In 1547 Moritz had the west wing of his residence, which was only some 50 years old, pulled down, had the inner courtyard made twice as big and a new west wing built. In the courtyard towers were added at the corners with easy spiral staircases. The old Hausmannsturm in the centre of the north wing had a four-storey loggia added on the courtyard side. In the same wing the new court chapel was also added, after 1617 this was where the court conductor Heinrich Schütz (1585–1672) did most of his important work, and in the new east wing the so-called Riesensaal (Giant Hall) was added, the most important room for ceremonial occasions throughout the 16th and 17th centuries. The facades of the castle wings, their gables and towers were covered in white, grey and black, like some great tapestry, with decoration and groups of figures worked in the Sgraffito technique. Local artists and craftsmen worked together with Italians from Lombardy and Veneto. The castle was considered to be

mètres de long qui représentait une danse de la mort où même le pape et l'empereur figuraient. On doit ce «Memento mori» à Christoph Walter I qui était membre d'un famille de sculpteurs connu. Cette oeuvre qui était l'une des premières dans ce nouveau style est placée actuellement dans l'église paroissiale de Neustadt. Le Georgentor a été détruit en 1701, lors de l'incendie du château. La porte actuelle a été reconstruite presque totalement en 1901 mais les lignes adoptées s'efforcent de rappeler celles du 16ème siècle. Sur le côte ouest s'élève la Grand Portail d'origine qui probablement a été réalisée par des tailleurs de pierre de Lombardie, en 1534. On aperçoit Adam et Eve avec le serpent et on peut lire la mise en garde nous signalant qu'en même temps que le péché, la mort est apparue dans ce monde. Le célèbre Maurice de Saxe (1541–53), neveu de Georges, un politicien agile, réussit à obtenir pour butin, après la guerre Schmalkaldique en 1547, les dignités électorales pour la maison des Albertins. La maison des Ernestin s'en vu dépourvue, l'époque de gloire de Wittenberg prit fin et Dresde, en tant qu'Electorat, acquit de la puissance. Les länder de la maison des Wettin continuèrent jusqu'en 1918 à avoir Dresde pour centre alors que les territoires appartenant aux Ernestins avaient été à partir du 17ème siècle morcelés en petits duchés. Cependant, comme ce fut le cas pour l'état de Weimar à l'époque de Goethe, ils purent jouir d'une époque florissante étonnante. En 1547, Maurice ordonna encore la destruction de l'aile gauche de la résidence, vieille environ d'une cinquantaine d'années, fit élargir du double la cour intérieure et construire un nouveau bâtiment à l'ouest. Des tours avec de larges escaliers en colimaçon furent placées aux quatre coins de la cour intérieure. Une loggia pompeuse fut appliquée sur quatre étages à l'ancienne tour Hausmann qui se trouve au centre de l'aile nord. La nouvelle chapelle de la Cour fut érigée sur cette même aile et devint à partir de 1617 trés importante grâce à la présence du Maitre de chapelle Heinrich Schütz (1585–1672). Et enfin, la dite Grande

Der Altmarkt zur Zeit der Renaissance während einer Tierhetze (Jagd) unter dem Kurfürsten Christian II. v. Sachsen.

The Altmarkt in the Renaissance period during a hunt led by Elector Christian II of Saxony.

Le Vieux Marché au temps de la Renaissance lors d'une chasse menée par l'électeur Christian II de Saxe.

Das hölzerne Amphitheater, Vorgänger des späteren Zwingers, 1709 während eines Hoffestes. Im Hintergrund die Westfront des Schlosses.

The wooden amphitheatre, the forerunner of the Zwinger, during a court festivity in 1709. In the background is the west front of the castle.

L'amphithéâtre en bois, plus tard le Zwinger au cours d'une fête donnée à la Cour en 1709. En arrière plan, la façade Ouest du château.

Einheimische Künstler und Handwerker wirkten neben italienischen aus der Lombardei und dem Veneto. Das Schloß galt als Wunderwerk, in seiner Größe und Pracht manifestierte sich die Bedeutung des Kurfürstentums und seiner Hauptstadt, erschien Dresden als moderne Renaissancestadt und nicht zuletzt als Hauptort des deutschen Protestantismus. Die Sgraffitodekorationen sind schon seit der Barockzeit verschwunden, sie waren unmodern geworden. Einen Abglanz ihrer Wirkung kann aber der sog. Fürstenzug aus dem Jahre 1907 an der Nordseite der Langen Galerie (Augustusstraße) vermitteln. Auf 24 000 Kacheln in Meißner Porzellan zeigt er die wettinischen Fürsten von Markgraf Konrad d. Großen bis zum späteren König Georg, der 1904 starb. Kurfürst August v. Sachsen (1553–86), der sein Land über dreißig Jahre lang wie ein strenger, jedoch umsichtiger Hausvater regierte, der alle wirtschaftlichen Möglichkeiten, insbesondere die des erzgebirgischen Silberbergbaus, ausschöpfte und den Kurstaat vorbildlich verwalten ließ, erweiterte die Residenz seines Bruders Moritz nach Osten um den Stallhof und gründete 1560 die kurfürstliche Kunstkammer, die Mutter aller Dresdner Galerien und Museen. Zum Stallhof, einer seit 1586 von Paul Buchner, Giovanni Maria Nosseni und Hans Irmisch geschaffenen Anlage, gehört der Stallbau, eine Dreiflügelanlage, die im 18. Jahrhundert zur Gemäldegalerie umgebaut, 1876 als «Johanneum» nochmals verändert wurde und seit der Instandsetzung nach 1945 als Verkehrsmuseum dient, weiterhin der «Lange Gang», ein zweigeschossiger Verbindungsbau, der sich zum Hof mit 22 offenen Rundbogenarkaden über toskanischen Säulen öffnet und dessen Obergeschoß – ehemals Ahnengalerie – an der Nordseite den schon genannten Fürstenzug, an der Hofseite grau-weiße Sgraffiti der Spätrenaissance zeigt. Von dem 1945 zerstörten Kanzleigebäude, das von Südwesten in den Hof einspringt, sind nur Erdgeschoßmauern erhalten. Die Nachfolger des Kurfürsten August, Christian I. und II., waren große Jäger und Freunde von Bärenhatzen, Tierkämpfen und Turnieren. Hatte man schon unter Moritz und August solche Schaustellungen auf dem abgeriegelten Altmarkt und im Schloßhof abgehalten, wo die große Loggia die vornehmsten Zuschauerplätze bot, so veranstaltete man das sog. Ringelstechen, ein Turnierspiel, nunmehr im Stallhof. Die beiden prächtigen, 1601 gegossenen Bronzesäulen und die parallel

a work of art, its size and magnificence bore witness to the importance of the electorate and its capital, for Dresden now appeared as a modern Renaissance town and last but not least as the stronghold of Protestantism in Germany. The Sgraffito decoration disappeared in the Baroque period, it was no longer in fashion. An impression of what it was like can, however, be gained from the so-called Fürstenzug (Prince's procession), dating from 1907, on the north side of the Lange Galerie (Augustusstraße). It consists of 24 000 Meißen china tiles and shows the princes of the House of Wettin from Margrave Konrad the Great to King Georg, who died in 1904. Elector August of Saxony (1553–86), who ruled for more than thirty years like a strict but circumspect father, extended the residence he inherited from his brother Moritz by adding the Stallhof on the eastern side and also founded the electoral art treasury in 1560, the mother of all of Dresden's museums and galleries. August availed himself to the full of all the industrial possibilities in the area, particularly the mining of silver in the Erzgebirge, and made sure that the electorate was well administered. The Stallhof, constructed in 1586 by Paul Buchner, Giovanni Maria Nosseni and Hans Irmisch, included the stable building, a three-winged construction which was turned into an art gallery in the 18th century and altered yet again in 1876 to become the Johanneum, which has served as a traffic museum since it was restored after 1945, and also the «Lange Gang», a two-storey connecting structure open on the courtyard side with round arches on Tuscan pillars and with an upper storey which used to be an ancestral gallery and which, on the north side, bears the Prince's procession we have already mentioned and on the courtyard side had grey and white Sgraffiti from the late Renaissance. Only the ground floor walls remain of the chancellery building which juts into the courtyard from the south-west and was destroyed in 1945. The successors of Elector August, Christian I and II, were both keen huntsmen and very fond of bear-baiting, animal fights and tournaments. In the reigns of Moritz and August such spectacles had been staged on the Altmarkt, which was cordoned off, and in the castle yard, where the large loggia provided the best seats, but the so-called Ringelstechen, a tournament, was now held in the Stallhof. Two magnificent bronze pillars, cast in 1601, and parallel bars still mark the area used for these

Salle placée dans la nouvelle aile Est devint l'un des lieux de réception importants de l'Electorat au cours du 16ème et 17ème siècle. Les façades de ces corps de bâtiment, les frontons et les tours ressemblaient à une tapisserie en blanc, gris et noir surmontée par des ornements et des figures peints suivant la technique sgraffite. Les artistes et ouvriers de la région s'affairèrent au côté des italiens de Lombardie et du Veneto. Ce château avait la réputation d'être une véritable oeuvre d'art, sa grandeur et son faste soulignaient l'importance détenue par l'Electorat et sa capitale, Dresde brillait en tant que ville Renaissance moderne et aussi en tant que centre du protestantisme allemand. Les fresques en sgraffite ont depuis l'époque baroque disparu ayant été considérées désuètes. Mais nous pouvons nous faire une idée de l'effet qu'elles produisaient avec la Proccecion des ducs datant de 1907, représentée dans le Long Couloir (Augustusstraße) de l'aile nord. Sur 24.000 carreaux de porcelaine de Meissen, tous les ducs de la maison Saxe-Ettin sont représentés en partant du margrave Konrad le Grand jusqu'au dernier roi Georges qui mourut en 1904. L'électeur Auguste de Saxe (1553–86) qui dirigea, trente ans durant son état, certes d'une manière ferme mais cependant comme un père, qui sut remarquablement tirer profit de la Montagne Métallique et administra d'une manière exemplaire l'Electorat, fit agrandir la résidence de son frère Maurice en ordonnant la construction à l'est des écuries de la Cour et fondit en 1560 la Kunstkammer, la mère de tous les musées et galeries de Dresde. La cour des écuries réalisée depuis 1586 par Paul Buchner, Giovanni Maria Nosseni et Hans Irmisch est encadrée par les bâtiments des écuries, un ensemble en trois parties, transformé au 18ème siècle en galerie de peinture, remanié en 1876 en tant que «Johanneum» et reconstruit après 1945 pour devenir l'actuel musée des Transports, avec en plus le «Lange Gang» (long couloir), un bâtiment de raccordement à deux étages donnant sur la cour avec 22 arcades en ogives portées par des colonnades toscanes et dont le premier étage – ancienne galerie des ancêtres – dévoile, comme déjà dit, la Procession des ducs du côté nord et du côté cour les sgraffites gris blanc fin Renaissance. De la Chancellerie, ravagée en 1945, et qui se décroche au sud-ouest de la cour, il ne nous reste plus que les murs du rez-de-chaussée. Les successeurs du Prince Electeur Auguste, Christian I et II, étaient connus pour être de grands chasseurs, amis de la chasse à l'ours, des combats

aufgestellten Stangenbarrieren bezeichnen noch heute in diesem Hof das Spielfeld und die vorgeschriebenen Positionen für Roß und Reiter. Kurfürst August hatte noch selbst 55mal im Turniersattel gesessen, doch schon zu seiner Zeit kamen die «Inventionen» auf, Inszenierungen, die Themen der griechischen und römischen Mythologie, der Bibel, der antiken Geschichte darstellten. Festungsbaumeister und Architekten wie die Italiener Graf Lynar und Nosseni waren die Arrangeure dieser Feste, ein Höhepunkt der frühen Inventionen war der große Planetenaufzug von 1613 bei der Taufe einer Prinzessin. Der Kurfürst und vornehme Gäste saßen verkleidet als Heroen der antiken Welt in Muschelschiffen und anderen aufwendigen Gefährten, Sonne, Mond und die sieben Planeten folgten zu Fuß. Die Inszenierung wurde in einem Stich festgehalten. Nach einer Erfindung Nossenis wurde 1602 auch erstmals der Elbstrom Schauplatz für einen Festzug, dessen Höhepunkte ein künstlicher Walfisch mit darauf thronendem Neptun, vier Seepferde und andere phantastische Gestalten waren. Wir erwähnen die Details solcher Festlichkeiten, weil sich damit bestimmte Dresdener Architekturstrukturen erklären lassen und der besondere Repräsentationsstil der Fürsten und ihrer Künstler deutlich wird, der dann in dem hochbarocken Festplatz des Dresdner Zwingers noch eine grandiose Steigerung erfahren wird. Wir gehen auf die Geschichte des Residenzschlosses besonders ein, weil sein Wiederaufbau in den nächsten Jahren vom größten Interesse der Öffentlichkeit begleitet sein wird. Nach der Wiederherstellung des Langen Ganges und Reparaturen am Georgentor wurden seit 1984 intensiver als zuvor Sicherungsarbeiten an den Ruinen durchgeführt. In den Zeiten zuvor hatte dem desolaten historischen Komplex zuweilen auch der radikale Abbruch gedroht. Am Westflügel wird z. Zt. gearbeitet. Am authentischen Ort im wenig beschädigten Erdgeschoß werden hier nach vielen Jahrzehnten die weltberühmten Sammlungen des «Grünen Gewölbes» wieder zu sehen sein, die sich jetzt noch im «Albertinum» befinden. Grundstock der Sammlung ist das Inventar der «Kunstkammer» von 1560. Es enthält Kunstwerke im heutigen Sinne wie Goldschmiedearbeiten und kleine Bronzefiguren, vor allem aber zählt es Kuriositäten und Raritäten auf, wie sie in allen Kunst- und Wunderkammern der Renaissance gesammelt wurden. Wir hören von einem riesigen Schildkrötenei und einem Kirschkern mit 180 eingekerbten Menschengesichtern. In einer Beschreibung von 1671 lesen wir, daß in der ersten Kammer mechanische Werkzeuge verwahrt sind, darunter auch Barbiergeräte. Darüber an den Wänden befinden sich «biblische Gemälde» von Lucas Cranach und anderen Malern. Die zweite Kammer enthielt kostbare Trinkgeschirre, die dritte kostbarste Schatzkästchen, darunter ein mit Weintrauben, Äpfeln, Birnen, Kirschen, Pomeranzen, Zitronen verziertes, «so schön aus Wachs possirt, daß sie einen lüstern und Appetit machen solten, etwas von dergleichen Früchten begehren zu genießen». Man findet in dieser Kammer «alte und neue künstliche Gemählde mit untergesprengt, als von Albrecht Dürern, von Tindoretto, Titiano, Rubenßen, und anderen künstlichen Mahlern». Es folgen die Kammern der mathematischen Kunstsachen, der Kunstspiegel, der Naturraritäten, zu denen eine Steinstufe mit vielen Smaragden gehört, schließlich die Kammer, welche Bilder aus Stein und Metall, bewegliche Kunstsachen und Uhrwerke enthält. Insgesamt enthielt die Sammlung 3000 Objekte, die wegen ihres kostbaren Materials, ihrer raffinierten Anfertigung und ihres Kunstwertes, wegen ihres Geschichtswertes und Reliquiencharakters gesammelt

tournaments and the positions of horse and rider. Elector August himself took part in 55 tournaments of this kind but during his reign the so-called «inventions» became popular, scenes depicting themes from Greek and Roman mythology, the Bible and ancient history. These festivities were arranged by master builders and architects like Count Lynar and Nosseni from Italy. One early «invention» was staged in 1613 at the christening of a royal princess and depicted the planets. The Elector and his noble guests, dressed as heroes of the ancient world, sat in shell-shaped ships and other elaborate vehicles followed on foot by the Sun, the Moon and the seven planets. This procession is the subject of an engraving.

Based on an idea of Nosseni's, the Elbe became the setting for a procession for the first time in 1602; the climax of this procession was an artificial whale with Neptune sitting astride it in triumph, accompanied by four sea-horses and other fantastic figures. These details are mentioned here because they offer an explanation for certain architectural structures found in Dresden and because they show the style with which the electors and the artists in their employ liked to represent, a style which is carried even further in the Zwinger, the grandiose site of many festivities in the high Baroque period.

We are looking more closely at the history of the royal castle because the rebuilding will cause great interest among the public in the course of the next few years. The Lange Gang has been restored and the Georgentor repaired and since 1984 much has been done to make the ruins safer. Before 1984 this historical site was in a desolate condition and was even threatened with complete demolition. Work is being done on the west wing at the moment.

After many decades the world-famous collections from the «Grünes Gewölbe» (Green Vault) will be on view again here in the authentic setting, the little damaged ground floor. The collections are still housed for the time being in the Albertinum. The basis of these collections is the treasures from the art treasury of 1560, works of art in the modern sense of the word such as articles in worked gold and small bronze figures, but above all curios and rare articles such as were collected in all the art and curio collections of the Renaissance. Mention has been made of a huge tortoise's egg and a cherry stone with 180 human faces carved on it. In a description from 1671 we read that mechanical tools are kept in the first chamber, among them barbers' tools. Above these, on the walls, are «biblical paintings» by Lucas Cranach and other painters. The second chamber contains precious drinking vessels. The third precious treasure boxes, one of them decorated with grapes, apples, pears, cherries, pomegranates and lemons, «so well made in wax that they would make your mouth water».

In the treasury there are «both old and new paintings by such artists as Albrecht Dürer, Tintoretto, Titian, Rubens and others». Other chambers are devoted to mathematical treasures, mirrors and natural wonders, amongst which is a stone stair studded with emeralds, and finally there is a chamber containing pictures in stone and metal, mechanical devices and clocks.

The collection consisted of a total of three thousand objects which were included because they were made of precious materials, because they were cleverly made and therefore of artistic value, because they were important from an historical point of view or because they were religious relics. The collection also included old liturgical equipment.

Besides these chambers of the treasury there was also a

de bêtes et des tournois. Si de tels spectacles avaient déjà eu lieu sous Maurice et Auguste dans l'enceinte du Altmarkt et dans la cour du château où la somptueuse loggia offrait les meilleures places, un autre tournoi fut organisé, connu sous le nom de jeu des anneaux, qui avait maintenant lieu dans la cour des Ecuries. Les deux magnifiques colonnes, coulées en bronze, et parallèlement placées les barrières en bois, montrent encore les limites dans cette cour du terrain réservé à ces activités et aussi les positions adjugées au cheval et au cavalier. Le Prince Auguste était lui-même monté en selle pour ces tournois, 55 fois, et c'est même à son époque que l'on vit apparaitre les «inventions», mises en scène représentant des thèmes tirés de la mythologie grecque ou romaine, de la Bible et de l'histoire ancienne. Des constructeurs et architectes italiens comme le Comte Lynar et Nosseni se chargèrent de l'organisation de l'une de ces fêtes, l'apothéose de ces Inventions: le cortège des planètes de 1613 organisé pour le baptème d'une princesse. Le Prince Electeur et ses invités de marque, dans de somptueux costumes rappelant des figures de héros tirées de l'histoire antique, avaient pris place dans une nacelle en forme de coquillage, suivie d'embarcations de toutes sortes et le soleil, la lune et les sept planètes suivaient sur les rives à pied. Toute cette mise en scène a été reproduite sur une gravure. Nous tenons à fournir tous ces détails car ils peuvent nous permettre de comprendre certaines lignes de l'architecture Dresdoise ainsi que le style des cérémonies, trés particulier, mené par les Princes et leurs artistes et qui prendra un tournant grandiose sur la place des fêtes du Zwinger Dresdois, témoin du riche baroque. Nour nous penchons tout particulièrement sur l'histoire du château résidentiel, car sa reconstruction les années suivantes fut suivie avec un grand intérêt. Après la finition du Long Couloir et les réparations effectuées au Georgentor, les ruines subissent des travaux de consolidation. Dans les périodes précédentes ces lieux historiques menaçaient de s'écrouler. C'est dans ce lieu même, au rez-de chaussée qui n'a pas été trop endommagé, que vont être réexposées, après plusieurs décennies, les Collections, célèbres dans le monde entier, de la Voûte Verte qui se trouvent encore actuellement dans l'Albertinum. Cette collection a été recensée dans l'inventaire du Cabinet des arts datant de 1560. Elle comprend des oeuvres d'art considérées telles de nos jours comme par exemple des pièces d'orfèvrerie, des figurines en bronze et surtout des curiosités rassemblées, comme c'était l'usage à l'époque de la Renaissance, dans des «cabinets secrets» ou «cabinet des miracles». On entend parler d'un énorme oeuf de tortue et d'un noyau de cerise où sont entaillés 180 visages. Dans une description datant de 1671, on apprend que dans le premier cabinet se trouvent des outils mécaniques et aussi les instruments de barbier. Aux murs des peintures bibliques de Lucas Cranach et d'autres peintres. Le deuxième cabinet renferme des verres d'une extrême valeur et le troisième des coffrets à bijoux précieux dont l'un se voit décoré avec des raisins, des pommes, des poires, des cerises, des bigarades, des citrons «tellement bien modelés en cire qu'à leur vue l'on devrait ressentir l'envie et l'appétit et souhaiter pouvoir délecter de tels fruits». On trouve dans ce cabinet «des peintures modernes et anciennes comme par exemple de Dürer, Tindoretto, le Titien, Rubens et autres peintres en art». Les cabinets suivant sont réservés aux sciences mathématiques, à des miroirs ardents, à des curiosités dont une marche en pierre incrustée de smaragdes et enfin le cabinet de l'horlogerie. Cette collection en tout comprend 3000 objets qui ont été rassemblés suivant différents critères: matières pré-

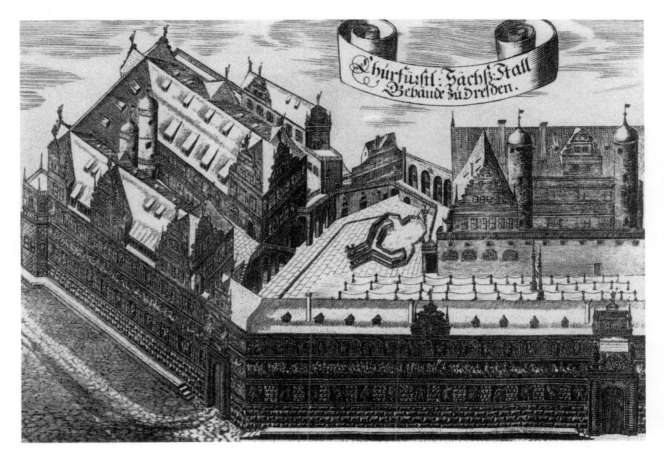

worden waren. Auch ältere liturgische Geräte waren darunter. Neben den Räumen der Kunstkammer gab es ein grün getünchtes Gewölbe, das 1572 als Schatzkammer des Kurfürsten August erwähnt wird. Es lag unter den Wohnräumen des Fürsten, galt als Feuer- und diebstahlssicher und enthielt Schmuck, Geld und Urkunden der Familie. Der Name dieses Tressorraums, «Grünes Gewölbe» ging in der Folgezeit auch auf die benachbarte Kunstkammer, die Silberkammer und die Rüstkammer über. Die älteren Bestände der Kunstkammer waren im 16. und 17. Jahrhundert in Dresden die «touristische» Hauptattraktion, allerdings nur für hochgestellte Besucher, nicht für ein großes Publikum. In der Barockzeit schwand zunächst das Interesse für die Kuriositäten. Man sammelte nun vor allem Gemälde. Aus der Wittenberger Schloßkirche traf 1687 der von Albrecht Dürer gemalte Altar ein, und 1699 konnte man mit Giorgiones «Schlummernder Venus» das erste wichtige italienische Werk erwerben. Unter August dem Starken wurden die Räume des «Grünen Gewölbes» in prunkvollster Weise neu ausgestaltet, die Sammlungen neu geordnet. Die Gemäldebestände wurden 1722 aus der Sammlung entnommen und in das Stallgebäude (Johanneum) überführt, das man zuvor zur Gemäldegalerie umgebaut hatte. Hier verblieb der im 18. Jahrhundert enorm angewachsene Bestand, bis er 1855 in der neuen königlichen Gemäldegalerie einen würdigen Platz fand, die nach den Plänen Gottfried Sempers an der Nordseite des Zwingers entstanden war. Auch das erneuerte «Grüne Gewölbe», dessen Räumlichkeiten den Bomben des 2. Weltkrieges weitgehend standhielten und dessen ausgelagerte Schätze fast ohne Verlust gerettet werden konnten, erfuhr zur Zeit Augusts d. Starken Bereicherungen seiner Bestände. Vor allem sind es die prachtvollen Goldschmiedearbeiten des Johann Melchior Dinglinger, wie der 1701–08 geschaffene «Hofstaat des Großmoguls», ein überwältigender Tafelaufsatz mit 165 goldenen, emaillierten Figürchen und Gegenständen, welche die heutigen Besucher begeistern.

vault painted green, which is referred to in 1572 as Elector August's treasury. It was situated below the elector's living quarters, was considered to be fire and burglar-proof and contained jewelry, money and family documents. The name of this treasury, Grünes Gewölbe, was later also used for the art treasury nearby and the silver pantry and the armoury. The older items in the treasury were the main tourist attraction in Dresden in the 16th and 17th centuries, albeit only for visitors of standing, not for the general public.

During the Baroque period interest in such curiosities waned. It was now the fashion to collect paintings. In 1687 the altar from the castle church in Wittenberg was brought to Dresden and in 1699 the first important Italian work was acquired for the collection, Giorgione's «Sleeping Venus».

During the reign of August the Strong the rooms of the Grünes Gewölbe were redecorated in great style and the collections reorganized. In 1722 the paintings were taken out of the collection and hung in the Johanneum, which had been converted into a picture gallery. The collection stayed there and grew considerably during the 18th century until, in 1855, it was given a worthy setting in the royal picture gallery which had been erected to plans by Gottfried Semper on the northern side of the Zwinger. The renovated rooms of the Grünes Gewölbe, which withstood the bombings of the Second World War for the most part and whose treasures were nearly all saved, also saw many treasures added to the collection they housed during the reign of August the Strong. These were mainly articles in worked gold by Johann Melchior Dinglinger such as his «Court of the Great Mogul» from 1701–08, a monumental table set consisting of 165 gold, enamelled figures and objects which is still admired by visitors today.

cieuses, réalisation raffinée, valeur artistique ou historique, reliques. A côté des salles de cette Chambre d'art, se trouvait une pièce voûtée, badigeonnée en vert, dont on avait connaissance en tant que salle de trésor du Prince Electeur Auguste en 1572. Cette salle se trouvait au-dessous des appartements du Prince, était parfaitement protégée pour toutes éventualités: le feu, les vols et abritait des bijoux, des valeurs monétaires et des actes de famille. Le nom attribué à cette salle de trésors: la Voûte Verte fut appliqué par la suite aussi aux cabinets attenant: le cabinet de l'Argenterie et la Salle d'armes. Les objets anciens de la Chambre d'art étaient au 16ème et 17ème siècle l'attraction numéro un mais réservée seulement aux gens de marque et non pas au public. A l'époque Baroque, ces curiosités ne bénéficièrent d'aucun intérêt. On préféra surtout collectionner les peintures. On récupéra de l'église du château des Wittenberg, en 1687, un tableau d'Albrecht Dürer et obtint en 1699 la première oeuvre importante de l'école italienne: la «Vénus couchée» de Giorgione. Sous Auguste le Fort, les salles de la Voûte furent somptueusement restaurées et les collections furent reclassées. En 1722, les peintures de la collection furent transférées dans les bâtiments anciennement réservés aux Ecuries (le Johanneum) qui furent transformés en Galerie de peinture. C'est là que furent gardées toutes les peinture accumulées au cours du 18ème siècle jusqu'à ce qu'on leur accorde en 1855 une place d'honneur dans la galerie de peinture royale qui suivant les plans de Semper se trouvait dans l'aile gauche du Zwinger. De même la Voûte Verte qui avait été restaurée et dont les salles ont pu résister aux bombes de la deuxième Guerre Mondiale et dont les trésors qui avaient été évacués ont pu être presque totalement sauvés, avait vu sa collection, sous Auguste le Fort, s'enrichir aussi. Il s'agit en particulier des magnifiques pièces d'orfèvrerie de Johan Melchior Dinglinger, de la «Cour de Delhi» réalisée en 1701–08, un surtout extraordinaire décoré avec cent soixante cinq personnages, dorés et émaillés qui de nos jours font le ravissement des visiteurs.

Dresden unter August dem Starken

Kehren wir nochmals in das späte 16. und in das 17. Jahrhundert zurück, so finden wir in Dresden Vorbereitungen und Vorspiele, die auf die Barockstadt hinführen, wie die Schloßerweiterung nach Süden, die Anlage der modernen Festungsanlage, wie wir sie an der «Brühlschen Terrasse» und beim Zwinger noch erleben können, die Öffnung der Stadt in die Landschaft und die Anlage von Gärten nach dem 30jährigen Krieg. In einer der neuen Gärtenzonen, südöstlich vor der Stadt, ließ Kurfürst Johann Georg III. (1680–91) durch seinen Baumeister Johann Georg Starcke zwischen 1678 und 1683 das Palais im Großen Garten erbauen. Es ist das älteste Barockschloß Sachsens, zugleich auch der erste fürstliche Repräsentationsbau Deutschlands im sog. Friedensstil der Zeit nach den Türkenfeldzügen. Der Kurfürst hatte selbst zu den Türkensiegern vor Wien gehört. Das Palais erhebt sich aus dem flachen Gelände des Großen Gartens, umringt von acht Pavillons. Die Anlage wurde 1945 schwer zerstört und harrt des Wiederaufbaus.

Der Dresdner Barock ist das Werk Augusts des Starken. Der unerwartete Tod des älteren Bruders, Johann Georg IV., brachte ihn 1694 als Kurfürst zur Regierung. 1697 konnte er nach der Konversion zum Katholizismus die polnische Krone erwerben und nannte sich als König August II. Von diesem Königtum, das ihm viel Geld gekostet und Sachsen wenig politischen Nutzen gebracht hat, war er bis zu seinem Tod 1733 berauscht. In seiner Regierungszeit entstanden der Dresdner Zwinger und die Frauenkirche sowie zahlreiche Adelspalais. Die Residenz, Landschlösser, Kirchen, öffentliche Gebäude wurden im hochbarocken Stil ausgestaltet. Den Elbstrom versuchte der König in einen zweiten Canale Grande zu verwandeln, auf seiner Kavaliersreise hatte er Venedig kennengelernt. Die Altstädter Elbfront wurde zu einer Schaufront veredelt, wie sie der Venezianer Bellotto bald auch malen konnte. Am gegenüberliegenden Elbufer entstand um 1730 das Japanische Palais, ein Vierflügelbau, der an Pagodenarchitektur erinnern sollte. Der Vorgängerbau von 1715, das sog. Porzellan-

Dresden under August the Strong

But let us return to the late 16th and 17th centuries where we find Dresden busy with preparations for the period of the Baroque, such as extending the castle on the south side to include modern fortifications, such as building the Brühlsche Terrasse or the Zwinger, laying out gardens and integrating the town into the surrounding countryside after the Thirty Years' War. In one of the new garden areas on the south-east edge of the town Elector Johann Georg III (1680–91) had his architect Johann Georg Starcke build a palace in what became known as the Großer Garten between 1678 and 1683. It is the oldest Baroque castle in Saxony and at the same time the first official building in the so-called «peace style» in Germany of the period after the Turkish campaigns. The elector himself had been in the victorious army that defeated the Turks outside Vienna. The palace seems to rise up out of the flat grounds, surrounded by eight pavilions. The whole site was badly damaged in 1945 and still awaits restoration.

It was August the Strong who gave Dresden all its monumental buildings in the Baroque style. The unexpected death of his elder brother, Johann Georg IV, made him elector in 1694. In 1697 he converted to the Catholic faith and gained the crown of Poland, calling himself King August II. He remained enchanted by this new kingdom and his new position, which had cost him a great deal of money and actually been of little use to Saxony, until his death in 1733. During his reign the Zwinger, the Church of Our Lady and numerous noblemen's palaces were built. His residence, country castles, churches and official buildings were re-decorated in the style of the high Baroque. The king even tried to make the Elbe into a second Canale Grande, he had been to Venice on his grand tour and was very impressed. The front of the Altstadt along the Elbe became a show-place and was soon afterwards to be painted by Bellotto from Venice. Around 1730 the Japanese Palace was built on the opposite bank of the Elbe. It has four wings and was supposed to remind people of a pagoda. The previous building on the site

Dresde sous Auguste le fort

Si nous nous reportons en arrière, vers la fin du 16ème et au 17ème siècle, nous assistons à Dresde aux préparatifs et au prélude qui nous conduiront à la cité baroque comprenant l'élargissement au sud du château, les espaces réservés aux cérémonies que nous retrouvons avec la Terrasse de Brühl et la cour du Zwinger, l'ouverture de la ville avec vue sur la campagne et la disposition des parcs après la Guerre de Trente ans. Dans l'un de ces parcs, situés au sud-est de la ville, l'Electeur Johann Georg III (1680–91) fit construire entre 1678 et 1683, par son architecte Johann Georg Starcke, le Palais du Grand Parc. Ce dernier représente non seulement le château baroque le plus ancien de Saxe mais est aussi le premier édifice représentatif des Electeurs, en Allemagne, en style «pacifique» appliqué après les campagnes de Turquie. Le Prince avait lui-même fait partie des vainqueurs Turces devant Vienne. Le Palais s'élève sur l'esplanade du Grand Parc, entouré de huit pavillons. Cet ensemble a sérieusement été endommagé en 1945 et attend d'être reconstruit.

Nous devons l'oeuvre monumentale en style baroque que nous trouvons à Dresde à Auguste le Fort. La mort soudaine de son frère ainé, Johann Georg IV, le rendit en 1694 Prince Electeur. En 1697, après s'être converti au catholicisme, il put obtenir la couronne royale de Pologne et prit le nom de roi Auguste II. Jusqu'à sa mort en 1733, il fut énivré par sa qualité de roi qui lui coûta beaucoup d'argent mais qui apporta peu à la Saxe. Pendant son règne, on assista à la construction du Zwinger et de l'église Notre-Dame ainsi qu'à celle de nombreux palais. Le château résidentiel, les châteaux de plaisance, les églises, les édifices publics étaient en style baroque. Au retour de son voyage de chevalier effectué à Venise, le roi essaya de faire transformer le cours de l'Elbe en un Canale Grande. L'un des méandres de ce fleuve faisant face à la vieille ville se vit gracieusement aménagé et bientôt représenté dans une peinture du peintre Vénitien Belloto. Vers 1730, sur la rive opposée, s'éleva le Palais Japonais, un ensemble composé de quatre ailes qui s'efforce de rappeler l'architecture des

schloß, war für August zu klein geworden. Es beherbergte mehrere tausend Stück chinesischer, japanischer und Meißner Porzellane, das Inventar von 1721 zählt 884 Seiten. Der König, dessen Stärke und Körpergröße zahlreiche Legenden überliefern, war ein phantasiebegabter, tapferer, sinnlichen Freuden im Übermaß hingegebener Mann, Wärme und Glanz ausstrahlend, von großem Glauben an sich selbst. Er hatte sich selbst mit Architektur beschäftigt und blieb seinem Architekten, dem Westfalen Matthäus Daniel Pöppelmann (1662–1736) wie seinem Hofbildhauer Balthasar Permoser (1651–1732) aus dem salzburgischen Kammer bei Traunstein ein Leben lang verbunden. August trat bei Hoffesten als Herkules, als Apollo, als Alexander der Große auf, sah sich selbst in diesen Gestalten. Die Rangerhöhung zum polnischen König muß ihm größte Genugtuung bereitet haben, der Zwinger ist das Denkmal dieses historischen Vorgangs und seines Verständnisses. Er war als Vorplatz gedacht für ein geplantes Kaiserschloß, das sich bis zum Elbufer erstreckt hätte. Die Nordseite, in die ab 1847 die Sempersche Gemäldegalerie hineingestellt wurde, blieb unbebaut, denn die Wettiner erhofften die Kaiserwürde und wollten den Platz für eine angemessene Residenz freihalten. Als Bauplatz bestimmte der König gegen den Widerstand seiner Offiziere die barocke Bastion Luna westlich des Residenzschlosses. Pöppelmann wurde auf eine Studienreise nach Prag, Wien und Italien gesandt, um modernsten Palastbau zu erkunden, August selbst brachte eigene Reiseerinnerungen ein. 1709 hatte Pöppelmann aus Anlaß eines dänischen Staatsbesuches in Dresden eine hölzerne Festarchitektur, ein Amphitheater, aufgebaut, das in steinerner Gestalt wiederholt werden sollte. Ein Fest- und Turnierplatz sollte gestaltet werden für die in Dresden seit der Renaissance beliebten Reiterspiele. Gleichzeitig sollte ein Zeremonienplatz für die Hochzeit des Kronprinzen mit der Wiener Kaisertochter Maria Josepha 1719 entstehen. Die rahmenden Galeriegebäude konnten als Orangerien dienen, die Tore und Pavillons manifestieren in großartiger Weise Glanz, Würde, Anspruch und Visionen Augusts des Starken. Die Haube des Kronentors wird von der vergoldeten polnischen Königskrone

from 1715, the so-called Porcelain Castle, had become too small for August. It housed several thousand pieces of Chinese, Japanese and Meißen china, the inventory of 1721 was 884 pages long.

The king, whose physical strength and size are spoken of in many a legend, was an imaginative, brave man who was overfond of sensual pleasures. He exuded warmth and power and had the utmost faith in himself. He had taken an interest in architecture and remained true all his life to his architect, Matthäus Daniel Pöppelmann from Westphalia (1662–1736) and his court sculptor, Balthasar Permoser (1651–1732) from Traunstein. At court festivities August dressed up as Hercules, Apollo and Alexander the Great and saw himself in these characters. The increase in his standing when he became King of Poland must have been a cause for the greatest satisfaction to him and the Zwinger is the monument he had built to mark this historical step and what it meant to him. Originally it was intended to be the forecourt of an imperial palace which would have stretched as far as the bank of the Elbe. The north side, to which Semper's picture gallery was added in 1847, remained incomplete as the princes of the House of Wettin hoped one day to become emperors and wanted to keep this site free to build a suitable residence. Inspite of resistance from his army officers the king chose the site of the Luna bastion to the west of the residence for his Zwinger. Pöppelmann was sent on a study tour to Prague, Vienna and Italy to find out all about the latest styles in palace building, August himself contributed ideas he had had from his travels. On the occasion of a state visit from Denmark in 1709, Pöppelmann had set up a wooden amphitheatre for the festivities and this was now to be reproduced in stone. Plans were also drawn up for a site for festivals and tournaments, as knightly tournaments had been popular in Dresden ever since the Renaissance. and at the same time it was to be a site worthy enough on which to celebrate the marriage of the Crown Prince to a daughter of the Emperor in Vienna, Maria Josepha, in 1719. The circular gallery served as an orangery, the gates and pavilions reflected the glory, the dignity, the claims and the visions of August the Strong. The cupola

pagodes. L'ancien bâtiment qui datait de 1715, appelé château de la porcelaine, était au goût du roi Auguste devenu trop petit. Ce château renfermait plus de mille pièces de porcelaine, chinoises, japonaises, de Meissen et l'inventaire de 1721 comptait 884 pages.

Le roi dont la corpulence et la force restèrent dans la légende était un homme bouillonnant de fantaisie, courageux, débordant de vie qui reflètait la bonté et la bonne humeur et d'une grande croyance «en lui-même». S'étant lui-même trés intéressé à l'architecture, il resta sa vie durant en contact avec son architecte de Westphalie, Matthäus Daniel Pöppelmann (1662–1736) et avec le sculpteur de la cour Balthasar Permoser (1651–1732) qui venait de la région de Salzbourg, à savoir Traunstein. Au cours des grandes fêtes données à la cour, Auguste avait l'habitude d'apparaitre sous le personnage d'Hercule, d'Apollon ou d'Alexandre le Grand dont il pensait avoir la grandeur. Il semble que l'acquisition de son titre de roi lui avait donné la folie des grandeurs ce que l'on constate en visitant le Zwinger. Cet édifice était prévu comme entrée d'un château royal qui était en projet et qui aurait dû s'étendre jusqu'au bord de l'Elbe. L'aile nord où prit place plus tard, en 1847, la galerie de peinture conçue par Semper, ne fut pas bâtie car les Wettin espéraient obtenir les dignités impériales et voulaient se garder l'emplacement pour une résidence en conséquence. Malgré la réticence de ses officiers, le roi décida de prendre pour emplacement le Bastion Luna, de style baroque, se trouvant à l'ouest du château résidentiel. Pöppelmann dut se rendre à Prague, à Vienne et en Italie afin d'étudier l'architecture en cours dans les différents palais et Auguste fit aussi appel à ses souvenirs de voyage. Pöppelmann avait réalisé en 1709, à l'occasion d'une visite d'Etat d'une personnalité du Danemark à Dresde, un édifice en bois, une sorte d'amphithéâtre qu'il devait maintenant refaire en pierre. Une grande place devait être prévue en vue des festivités et les tournois trés fréquentés à Dresde depuis la Renaissance. Il fallut en même temps, en 1719, créer un emplacement en vue de la cérémonie du mariage du Prince héritier avec la fille de l'Empereur de Vienne Marie Joséphine. Les constructions en galeries purent être aménagées en

Zwinger, Entwurf von Matthäus Daniel Pöppelmann für das Portal des Kronentors (links) und für das Portal und einen Teil des Treppenhauses des Wallpavillons (rechts), 1729.

Zwinger, M. D. Pöppelmann's design for the door of the Crown Gate (left) and for the gate and part of the staircase of the Wall pavilion (right), 1729.

Le Zwinger, d'après les plans de Matthäus Daniel Pöppelmann pour le portail de la Porte de la Couronne (à gauche) et pour le Portail et une partie des escaliers du Pavillon du Rempart (à droite), 1729.

überhöht, die von vier Adlern getragen wird, und auf dem Wallpavillon läßt sich der König als Hercules saxonicus darstellen, der die Weltkugel trägt. 1710 hatte man mit den Arbeiten begonnen, 1719 war das wesentliche beendet. Pöppelmann und Permoser hatten dieses außerordentliche Kunstwerk aus dem weichen Sandstein des Elbtals in vollkommener Harmonie zusammen geschaffen. Permosers Hermenfiguren, Atlanten, Nymphen, Putten gehören zum bedeutendsten, das die Bildhauerei des Hochbarock hinterlassen hat. Im September 1719 bot der Zwinger in der Tat den kostbarsten Rahmen für die Höhepunkte der Hochzeitszeremonien des Kronprinzenpaars. Der sächsische Prinz und die habsburgische Erzherzogin, die aus Wien anreisten, bestiegen an der Elbe, bei der Grenze Böhmens mit Sachsen, ein bereitgestelltes Schiff. Eine Jachtflottille mit kostümierten Mannschaften eskortierte das Hauptschiff bis Pirna, wo die Reise auf dem Prunkschiff des Königs, einer Nachbildung des venezianischen Bucentauro fortgesetzt wurde. Die Pracht des Einzugs steigerte sich von Etappe zu Etappe, der sächsische und polnische Adel, der gesamte Hof war beteiligt, die phantastischsten Kostüme und Dekorationen waren zu bewundern. Es war eine Lieblingsbeschäftigung Augusts des Starken, solche Feste zu inszenieren, in welche er auch die einfachen Untertanen mit einbezog. Der Kurfürst-König empfing das Paar auf der Vogelwiese vor Dresden in einem Zelt aus gelbem Samt. Er trug dabei einen Purpurmantel und Schmuckgarnituren mit Juwelen im Wert von zwei Millionen Talern. Ganze Serien solcher Garnituren mit kostbarsten Edelsteinen verwahrt noch heute das «Grüne Gewölbe». Es folgten ein Einzug mit 100 sechsspännigen Karossen in das Residenzschloß, das Festmahl, das auf goldenen Tellern gereicht wurde, die italienische Oper in dem von Pöppelmann 1697 neben dem Schloß erbauten, in der Revolution 1847 abgebrannten Kommödienhaus, und es folgten vor allem die großen «Inventionen» im Zwinger, wie das Fest der 4 Elemente und ein Ringstechen (Turnier) für Damen, zusammengestellt in vier Quadrillen, die jeweils eine andere Farbe besaßen.

1728 wurden einige Teile des Zwingers noch vollendet, gleichzeitig stellte Pöppelmann sein Hauptwerk in einem großen Kupferstichband der Öffentlichkeit vor. In dieser Zeit wurden die Pavillons und Galerien des Zwingers mehr und mehr zu Museen, nahmen kostbare Instrumente, Bücher, naturwissenschaftliche Sammlungen, schließlich Porzellane auf. 1924–36 wurde eine große Zwingerrestaurierung durchgeführt, deren Ergebnisse 1945 wieder zunichte gemacht wurden. Es ist eine große Leistung, daß die Anlage, die zu den Hauptwerken der europäischen Barockarchitektur zählt, bis 1958 wiederaufgebaut werden konnte. Ihren altertümlichen Namen «Zwinger», der ursprünglich nur den Bereich zwischen zwei Festungsmauern meinte, hat sie durch alle Zeiten erhalten.

Die Baulust war eine der großen Leidenschaften Augusts des Starken. Er zeichnete selbst Architekturentwürfe und er verstand sich wie fast alle Wettiner auf ein Handwerk, hatte das Drehen von Holz und Elfenbein gelernt. Generalintendant seines Bauwesens war von 1695 bis 1728 Graf Christoph August Wackerbarth, ein kluger, weitgereister Mann, der vom König 2000 Taler Jahreseinkommen bezog. Er war zugleich Oberbefehlshaber der kursächsischen Armee. Der fähigste Hofarchitekt, Pöppelmann, seit 1686 in Dresden fest angestellt, seit 1718 Oberlandbaumeister, bezog 1200 Taler im Jahr. Er hatte noch vor den Arbeiten am Zwinger am rechten Elbufer das «Porzellanschloß» (Holländisches Palais) errichtet, den Vorgängerbau des Japanischen

of the Crown Gate is surmounted by four eagles carrying the golden crown of Poland and on the Wallpavillon the king himself is depicted as Hercules of Saxony carrying the globe. Work was begun in 1710 and by 1719 most was finished. Pöppelmann and Permoser had between them created an extraordinary work of art of perfect harmony in the soft sandstone of the Elbe valley. Permoser's Hermes figures, his Atlantas, nymphs and puttos are amongst the most precious things we have left from the high period of the Baroque. In September 1719, the Zwinger was indeed a priceless setting for the highlights of the marriage festivities of the young couple. The Saxon prince and the archduchess from the House of Habsburg, who had travelled from Vienna, boarded a boat on the Elbe at the border between Bohemia and Saxony. A flotilla of yachts with crews in costume escorted the young couple as far as Pirna from where the journey was continued aboard the king's ceremonial ship, a copy of the Venetian Bucentauro. The procession grew more magnificent from stage to stage, the nobility of Saxony and Poland and the whole of the Court were involved, the costumes and decorations were magnificent. One of August's favourite pastimes was to stage such festivities in which he also involved his subjects. The Elector-King welcomed the young couple on the Vogelwiese outside Dresden in a tent of yellow velvet. He wore a purple cloak and jewelry worth two million talers. The Grünes Gewölbe still houses several such sets of jewelry with precious stones. The procession then continued with 100 carriages each drawn by six teams to the royal residence, there was a feast served on gold plates, an Italian opera was performed in the Comedy, which Pöppelmann had built beside the castle in 1697 and which burned down in the revolution of 1847, and above all there were the great «inventions» in the Zwinger, such as the festival of the four elements and a tournament for ladies in teams of four each with a different colour. In 1728 several parts of the Zwinger were also completed and in the same year Pöppelmann introduced this, his major work, to the general public in a volume of copper engravings. During this period, too, the pavilions of the Zwinger became museums which housed priceless instruments, books, scientific collections and, finally, china. An extensive programme of restoration was carried out on the Zwinger from 1924–36 but the results of this were lost again in 1945. It is quite an extraordinary feat that the site, which is one of the major examples of Baroque architecture in Europe, was rebuilt by 1958. The old name of Zwinger, which originally only meant the area between two fortified walls, has been retained throughout its history.

Building was one of August's great passions. He drew up plans for some buildings himself and, like all the members of the House of Wettin, he was a trained craftsman, he had learned how to turn wood and ivory. His general supervisor of building from 1692 till 1728 was Count Christoph August Wackerbarth, a clever, much-travelled man who received an annual income of 2000 talers from the king. He was commander-in-chief of the elector's army as well. The cleverest of the court architects, Pöppelmann, who had been permanently employed in Dresden since 1686 and became chief architect of the state in 1718, received an annual salary of 1200 talers. Before he started work on the Zwinger he had already built the «China Palace» (Dutch Palace) on the right bank of the Elbe, the forerunner to the Japanese Palace. Pöppelmann, and several other architects after him, drew up plans for a new royal residence as the east wings of the existing castle had been destroyed by fire in 1701. But none of these plans was

orangerie, les portes et les pavillons reflètent l'esprit de grandeur, l'éclat et les visions d'Auguste le Fort. Le bulbe de la Porte de la Couronne est dominé par quatre aigles portant la couronne de pologne et sur le Wallpavillon le roi est représenté sous les traits d'Hercule qui porte le monde. Les travaux commencés en 1710 étaient entièrement achevés en 1719. Toute cette oeuvre avait été réalisée, d'une manière totalement harmonieuse, avec la belle pierre extraite des Tables de grès de l'Elbe. Les personnages des colonnes, les atlantes, les nymphes, les puttis de Permoser font partie des sculptures les plus significatives de ce baroque avancé. Le Zwinger offrit en Septembre 1719 un cadre d'une extrême richesse pour la cérémonie de mariage du couple princier. Le Prince de Saxe et l'archiduchesse de la famille des Hasbourg venue de Vienne, mirent pied à bord d'un bateau préparé en leur honneur et amarré sur l'Elbe à la hauteur de la frontière de la Bohême et de la Saxe. Toute un flotille avec des équipages costumés escorta jusqu' à Pirna cette embarcation où le voyage fut poursuivi sur le majestueux bateau du roi qui était une copie du Bucentaure de Venise. La magnificence du cortège s'accentua d'étape en étape, la noblesse saxe et polonaise, la cour entière étaient présentes, les costumes et les décors fantastiques éblouissaient la vue. La mise en scène de telles festivités était une des occupations préférées d'Auguste le Fort qui même y introduisait des personnes de qualité inférieure. Le Prince-Roi voulut que le couple soit accueilli sous une tente dressée devant Dresde, toute de velours doré, à l'emplacement de la Vogelwiese (la prairie des oiseaux). Ses épaules étaient recouvertes d'un manteau de couleur pourpre décoré par une garniture de bijoux correspondant à la valeur de deux millions de thalers. Certains exemplaires, d'une extrême valeur, sont exposés encore aujourd'hui dans la Voûte Verte. Ensuite un cortège de cent carrosses avec attelages se rendit dans le château résidentiel, le festin fut servi dans une vaisselle dorée, une représentation fut donnée dans l'Opéra qui avait été bâti en 1697, à côté du château, par Pöppelmann, l'ancienne Maison de la Comédie incendiée pendant la révolution de 1847, qui fut suivie enfin dans le Zwinger par les fameuses «Inventions»: la cérémonie des quatre éléments et un tournoi de jeu des anneaux, réservé aux dames disposées en quatre quadrilles de couleurs différentes.

En 1728, certaines parties du Zwinger furent achevées et Pöppelmann présenta à la même époque sa grande oeuvre au public dans un volume de gravures sur cuivre. A partir de là, les pavillons et galeries du Zwinger prirent de plus en plus le rôle de musées en abritant des instruments, des livres, des collections de grande valeur y compris des porcelaines. De 1924 à 1936, le Zwinger fut l'objet de travaux de restauration importants qui se sont avérés vains si l'on considère les évènements de l'année 1945. C'est une grande prouesse que d'avoir pu reconstruire jusqu'en 1958 ce corps de bâtiments qui représente l'une des oeuvres les plus importantes de l'architecture baroque européenne.

L'un des plus grands faibles d'Auguste le Fort était sa passion des constructions. Il dessinait lui-même des plans et comme presque tous ceux de la famille des Wettin, en ce qui concerne les travaux manuels, il savait travailler le bois et l'ébène. Son intendant général, responsable de l'architecture, fut de 1695 à 1728 le Comte Christophe Auguste Wackerbarth, un homme cultivé qui avait beaucoup voyagé et qui recevait pour solde du roi 2000 thalers par an. Il était en même temps commandant de l'armée saxonne. L'homme le plus compétent, l'architecte de la cour Pöppelmann, engagé officiellement à Dresde depuis 1686, Maitre d'oeuvre de l'état, recevait 1200 thalers par an. Avant les travaux

*Holländisches Palais (später Japanisches Palais genannt), Vorgän-
gerbau des bestehenden Palais nach einer Zeichnung von Matthäus
Daniel Pöppelmann, 1729.*

*Dutch palace (later called Japanese palace), the forerunner of the
present palace to a drawing by M. D. Pöppelmann, 1729.*

*Palais Hollandais (par la suite Palais Japonais), prédécesseur de
l'actuel Palais d'après les esquisses de Matthäus Daniel Pöppelmann,
1729.*

Palais. Pöppelmann und nach ihm eine Reihe anderer
Architekten legten auch Pläne für ein neues Residenzschloß vor, zumal beim großen Schloßbrand 1701 die
Ostteile zerstört worden waren. Keines dieser Residenz-
schloß-Projekte konnte realisiert werden; der Grund
dafür mag in der Natur des sächsisch-polnischen
Doppelreiches liegen, das seine beiden Könige August
II. (d. Starke) und August III. immer erneut auf Reisen
zwischen Dresden und Warschau sah. So ließ August
der Starke die Brandlücke schließen, jedoch durch
seinen Innenarchitekten, den Franzosen Raymond Le
Plat ein kostbares Schlafgemach mit einem Deckenge-
mälde des Hofmalers Louis de Silvestre und einen
neuen Thronsaal ausgestalten. Der Saal konnte Ersatz
bieten für den 1701 beim Brand zerstörten berühmten
Riesensaal aus der Renaissancezeit. Schlafzimmer und
Thronsaal wurden 1945 vernichtet, wesentliche Aus-
stattungsteile waren allerdings zuvor ausgelagert worden. Eine Rekonstuktion der Räume ist geplant. Zu Le
Plats Aufgaben zählte auch die Modernisierung der
Räume des Grünen Gewölbes, über die wir bereits
berichtet.
Ebenfalls vor dem Bau des Zwingers schuf Pöppelmann
das Taschenbergpalais. Es entstand 1707 als sein erstes
Werk in Dresden und war ein Geschenk des Kurfürst-
Königs an seine berühmte Maitresse, die Gräfin Cosel.
Das Palais, unmittelbar südwestlich neben dem Schloß
gelegen, ist seit 1945 eine ebenso phantastische wie
erschütternde Ruine. Die Cosel, als Anna Constanze
von Brockdorf geboren, eine Dänin, war 1703 mit dem
Grafen Magnus Adolph von Hoym verheiratet worden, dem das Steuerwesen des Kurstaates unterstand. In
der Dresdner Adelsgesellschaft galt sie als die schönste
und klügste Frau aber auch als gebieterisch und
ehrgeizig. 1705 begann die intime Beziehung mit dem
König, die Ehe mit Hoym wurde geschieden und als
offizielle Maitresse en titre bezog sie 1707 ihr neues
Palais. Der König schenkte ihr auch Schloß Pillnitz vor
Dresden, Geld und Schmuck und gab ihr den Titel
einer Gräfin v. Cosel. Sie gebar ihm drei Kinder,

realized; perhaps the reason for this might be found in
the very nature of this double kingdom of Saxony and
Poland, for both the kings, August II (the Strong) and
August III were forever journeying between Dresden
and Warsaw. August the Strong had the area damaged
by fire closed off, but had his interior decorator
Raymond Le Plat, a Frenchman, fit out a bedroom with
a ceiling painting by the court painter Louis de Silvestre
and a new throne room. This room was to replace the
famous Giant Hall of the Renaissance, which had been
destroyed in the fire of 1701. The royal bedroom and
the throne room were also destroyed in 1945 but much
of the furnishing had been removed beforehand. There
are plans today to reconstruct these rooms. Le Plat also
had the task of modernising the rooms in the Grünes
Gewölbe, which we have already described.
Pöppelmann had also built the Taschenberg Palace
before he started work on the Zwinger. It was the first of
his buildings in Dresden and was completed in 1707 as a
present from August to his famous mistress, the
Countess of Cosel. The palace is situated immediately
south-west of the castle and has been a magnificent and
very moving ruin since 1945. The Countess of Cosel,
who was born Anna Constanze von Brockdorf, was
Danish and had been married to Count Magnus
Adolph von Hoym in 1703, the man responsible for
taxation in the electorate. She was considered by
Dresden society to be the most beautiful and cleverest
of women but also to be bossy and ambitious. Her affair
with the king began in 1705, her marriage to Hoym was
divorced and she became the king's official mistress en
titre in 1707 and moved into her new palace. The king
also gave her Pillnitz Castle outside of Dresden, money
and jewelry as well as making her a countess. She bore
him three children, one of whom was later to become
General Friedrich August von Cosel, who owned a large
town palace next to the Church of Our Lady. Countess
Cosel was neither the first nor the last of August's lovers
and official mistresses, but she was the only one who
tried to interfere in domestic and foreign policy to her

du Zwinger, il avait dirigé la construction, sur la rive
droite de l'Elbe, du «château de porcelaines» (le Palais
Hollandais), l'ancien Palais Japonais. Pöppelmann et
après lui plusieurs autres architectes, présentèrent des
plans pour la réalisation d'un nouveau château résidentiel, en particulier après le grand incendie de 1701 où les
parties est avaient été endommagées. Aucun de ces
projets ne put être appliqué; cela était peut-être dû au
fait que ce double royaume avait pour ainsi dire deux
rois Auguste II (le Fort) et Auguste III toujours en
voyage entre Dresde et Varsovie. Auguste le Fort
ordonna donc que les brèches incendiées soient
fermées mais commanda cependant à son architecte
d'intérieur, le français Raimond le Plat, une chambre à
coucher somptueuse avec au plafond des peintures
réalisées par le peintre de la cour Louis de Silvestre ainsi
qu'une nouvelle salle du trône. Cette salle devait
remplacer la célèbre Grande Salle d'époque Renaissance qui avait été détruite par le feu. La chambre à
coucher et la salle du trône on été ravagées en 1945, de
nombreux meubles cependant avaient pu être mis en
sécurité. Le Plat avait été aussi chargé de rénover les
salles de la Voûte Verte dont nous avons parlé ci-dessus.
De même, avant la construction du Zwinger, Pöppelmann avait exécuté le Palais Taschenberg. Construit en
1707, ce Palais représentait sa première oeuvre à Dresde,
qui allait être un cadeau pour la célèbre maitresse du
Prince-Roi, à savoir la Comtesse Cosel. Le Palais, élevé
tout à côté du château, au sud-ouest, détruit en 1945, est
une ruine aussi fantastique que troublante. La Cosel,
née Anna Constance de Brockdorf, Danoise, avait été
mariée en 1703 au Comte Magnus Adolf vonHoym qui
surbordonnait les impôts de l'Electorat. Parmi la
noblesse Dresdoise, cette dernière était considérée
comme étant la plus belle femme et la personne la plus
intelligente du royaume mais aussi comme la plus
autoritaire et la plus ambitieuse. Sa liaison amoureuse
avec le roi commença en 1705, le couple Hoym fut
divorcé, et elle prit place des lieux en 1707, dans le
nouveau Palais, en tant que maitresse en titre officielle.

darunter den späteren General Friedrich August v. Cosel, der einen großen Stadtpalast neben der Frauenkirche besaß. Die Cosel war nicht die erste und nicht die letzte von Augusts Geliebten und offiziellen Maitressen. Doch war sie die einzige, die zu ihrem Vorteil in innen- und außenpolitische Angelegenheiten eingriff. Dafür verlor sie Stellung, Besitz und Freiheit. Der König zog alle Geschenke wieder ein und ließ sie 1716 in der Festung Stolpen gefangen setzen, die sie bis zu ihrem Tod 1765 nicht mehr verlassen sollte. Augusts Gemahlin Christiane Eberhardine v. Bayreuth (1671–1727) lebte zurückgezogen und fromm auf Schloß Pretzsch b. Torgau, wo sie 1727 starb. Man nannte sie die «Betsäule Sachsens». Sie war 1693 mit dem damals 26jährigen sächsischen Prinzen verheiratet worden, ein Jahr bevor dieser völlig unerwartet als Friedrich August I. Kurfürst von Sachsen wurde. Sie blieb lutherisch, als er 1697 konvertierte. 1696 brachte sie ihr einziges Kind, den Kronprinzen Friedrich August (II., als König v. Polen August III.) zur Welt. Im gleichen Monat wurde ein weiterer Sohn Augusts geboren, Moritz, der spätere Marschall v. Frankreich. Dessen Mutter war die schöne Gräfin Aurora v. Königsmarck gewesen, die 1696 als Bittstellerin an den Dresdner Hof gekommen war. Auch die Türkin Fatime, die polnische Gräfin Lubomirska und Henriette Rénard, Tochter eines französischen Weinhändlers in Warschau, gebaren dem König Kinder; er hatte neben seinem ehelichen Sohn vier Söhne und vier Töchter, und alle Chronisten berichten, daß er sich liebevoll um sie kümmerte.

In großer Zahl entstanden zur Zeit der beiden August in Dresden Adelspaläste und Bürgerhäuser. Sie füllten die Räume zwischen den Festungsmauern aus. Hatte die Stadt 1689 21 300 Einwohner, so waren es beim Tod Augusts des Starken 1733 ca. 50 000. Pöppelmann baute seit 1718 das ältere Palais Brühl, seit 1726 das Palais Rutowsky für einen Sohn des Königs mit Fatime, das Palais Vitzthum. Diese Bauten sind verloren und

own advantage. This finally cost her her position, her possessions and her liberty. The king reclaimed all the gifts he had given her and had her imprisoned in the stronghold of Stolpen in 1716, which she did not leave again until her death in 1765. August's wife, Christiane Eberhardine of Bayreuth (1671–1727), lived a very retired and pious life in Pretzsch Castle near Torgau, where she died in 1727. She was referred to rather impolitely as «Saxony's shrine». She was married to August in 1693 when he was only 26 years old and a year before he became Friedrich August I, Elector of Saxony. She remained Lutheran when he converted to Catholicism in 1697. In 1696 she gave birth to her only child, the Crown Prince Friedrich August (II, but King August III of Poland). In the same month another son was born to August, Moritz, later to become Marshal of France. His mother was the beautiful Countess Aurora von Königsmarck, who had come to the court of Dresden as a petitioner in 1696. Fatime, a Turkish lady, the Polish Countess Lubomirska and Henriette Rénard, the daughter of a French wine-dealer in Warsaw, all bore the king children, too; he had four sons and four daughters apart from his legitimate son and all the historians tell us that he took a loving interest in their welfare.

During the reigns of the two Augusts a great many noblemen's palaces and patrician houses were built in Dresden, filling the space between the fortified walls. In 1689 the town had 21 300 inhabitants and by the time August the Strong died in 1733 they numbered approximately 50 000. In 1718 Pöppelmann built the old Brühl Palace, in 1726 the Rutowsky Palace for the king's son by Fatime and the Vitzthum Palace.

These buildings have been lost and we can only get an impression of what they looked like from engravings and old photographs. All the houses built by Pöppelmann have also been destroyed, the most expensive being the one built before 1715 on the Jüdenhof for the goldsmith, Dinglinger. Of the buildings of this kind

Le roi lui fit aussi présent du château de Pillnitz situé en dehors de Dresde, de beaucoup d'argent et de bijoux et de plus lui accorda le titre de Comtesse de Cosel. Cette dernière eut trois enfants dont le futur général Frédéric Auguste de Cosel qui possédait le grand palais situé à côté de l'église Notre-Dame. La Cosel ne fut pas la première ni la dernière des maitresses d'Auguste et pas non plus la seule officielle. Mais ce fut la seule qui put dire son mot dans les affaires de politique intérieure et extérieure. Elle y perdit son rang, ses possessions et même sa liberté. Le roi lui reprit tous les présents et la fit enfermer en 1716 dans la forteresse de Stolpen qu'elle ne devait plus quitter, jusqu' à sa mort en 1765. L'épouse d'Auguste: Christiane Eberhardine de Bayreuth (1671–1727) vivait elle sagement retirée dans le château Pretzch à côté de Torgau où elle mourut en 1727. On l'appelait «le pilier des prières» de la Saxe. Elle avait été mariée en 1693, à l'âge de 26 ans, au Prince de Saxe un an avant la nomination inattendue de Frédéric Auguste I, Prince de Saxe. Bien que ce dernier se soit converti en 1697, elle garda la religion luthérienne. Elle mit au monde en 1696 un seul et unique fils, le Prince héritier Frédéric Auguste (II, et en tant que roi de Pologne Auguste III). Le même mois, un autre fils d'Auguste vint au monde, Maurice, le futur Maréchal de France. Sa mère était la jolie Comtesse Aurore de Königsmarck qui était arrivée à la cour Dresdoise en tant que solliciteuse. Et Fatime d'origine turque, la Comtesse Lubomirska d'origine polonaise et Henriette Renard, la fille d'un commerçant en vins, français vivant à Varsovie eurent de même des enfants avec sa Majesté. En plus de son fils légitime, il eut quatre fils et quatre filles et toutes les chroniques sont d'accord pour dire qu'il en a pris soin avec beaucoup d'amour. Durant l'époque des deux Auguste, on assista à Dresde à la construction de nombreux palais réservés à la noblesse et de maisons bourgeoises. Ils occupaient les espaces situés entre les remparts. Si en 1689, la ville comptait 21.300 habitants,

August der Starke mit zwei seiner Mätressen, der Gräfin Aurora von Königsmark und Anna Constanze von Cosel, Stahlstiche.

August the Strong with two of his mistresses, Countess Aurora von Königsmarck and Anna Constanze von Cosel, steel engravings.

Auguste le Fort en compagnie de deux de ses maitresses, la Comtesse Aurore de Königsmarck et Anne Constance de Cosel, gravure sur acier.

Schloß Pillnitz bei Dresden, Entwurf von Matthäus Daniel Pöppelmann für das Wasserpalais am Elbufer, 1721/22.

Pillnitz Castle near Dresden, a plan by M. D. Pöppelmann for the Water palace on the bank of the Elbe 1721/22.

Château de Pillnitz dans les environs de Dresde, plans de Matthäus Daniel Pöppelmann pour le Palais près de l'eau, 1733.

man muß sich über Stiche und historische Photos ein Bild von ihnen schaffen. Auch alle seine Bürgerhausbauten sind zerstört, der kostbarste war das vor 1715 errichtete Haus des Goldschmieds Dinglinger am Jüdenhof. Von Pöppelmanns Schüler und Nachfolger Johann Christoph Knöffel (1686–1752), der bereits einen kühleren, zum Klassizismus hinleitenden Stil pflegt, besitzen wir an Bauten dieser Art in der Altstadt nur das Kurländer Palais von 1729, hinter dem Albertinum gelegen, freilich als Ruine. Vom Palais des Grafen Cosel, 1760 wieder aufgebaut, findet man noch den Ehrenhof und die beiden Pavillons, der Hauptbau ist zerstört; Architekt war Julius Heinrich Schwarze. Wir verzichten darauf, an Bauten dieser Gattungen zu erinnern, die von Longuelune, de Bodt, Karcher, Naumann, Fäsch, Schatz, Bähr geschaffen worden waren und erinnern dafür an die Regeln, nach denen dieses städtebauliche Ensemble gewachsen war. Schon 1706 hatte der König angesichts des abgebrannten Altendresden (spätere Neustadt) durch Verordnung verboten, Holzhäuser zu bauen. Die erhaltenen durften nicht einmal repariert werden. Es war das Ziel, stattliche, schöne und bequeme Bauten zu errichten, die aufeinander und auf die Umgebung harmonisch abgestimmt waren. Um dies zu erreichen, mußten nach der Dresdner Bauordnung von 1720 vor jedem Baubeginn Lageplan, Grund- und Aufriß sowie Schnitte vorgelegt werden. Nebenstehende Bauten waren anzudeuten. Es wurden gefällige Mansarddächer empfohlen. Die Fassaden sollten zurückhaltend getönt sein. In Resten findet man anschauliche Zeugnisse dieser Baugesinnung heute noch, wenn man durch die Hauptstraße der Neustadt geht. Wie in allen Residenzstädten fand man in den Adels- und Bürgerbehausungen Gemälde, Skulpturen, Möbel, Porzellane von erlesener Qualität, Erzeugnisse bürgerlicher Handwerker von hohem Niveau. Der aristokratische Geschmack war vorbildlich für die bürgerliche Kultur, die im

built by M. D. Pöppelmann's pupil and successor, Johann Christoph Knöffel (1686–1752), who preferred a quieter style with Classicist tendencies, only the Kurländer Palace of 1729 still exists in the Altstadt (old Dresden) behind the Albertinum, albeit a ruin. All that remains of the palace which belonged to the Count of Cosel, which was rebuilt in 1760, is the courtyard and the two pavilions, the main building was destroyed; the architect here was Julius Heinrich Schwarze.
We need not go into the question of what happened to other buildings of this type, the works of Longuelune, de Bodt, Karcher, Naumann, Fäsch, Schatz and Bähr but will look instead at the guidelines and regulations in accordance with which such buildings were erected. As early as 1706 the king had passed a law forbidding the use of wood as a building material after Altendresden (later Neustadt) had burned down. Those buildings which had survived were not even repaired. His aim was to put up stately, beautiful but comfortable buildings which were in harmony with each other and their surroundings. In order to achieve this unity a regulation was passed in 1720 that before work could be started on a building a plan of the site, the ground plan and a front elevation as well as cross-sections should be submitted for approval. The buildings nearby were to be sketched in, too. Architects were advised to give their houses attic roofs. The facades were to be coloured in quiet tones. There are still remnants of this style of building to be seen today if one strolls down the main street of the Neustadt. As is the case in all royal seats, the noblemen's palaces and the houses of the wealthier citizens contained paintings, sculptures, furniture and china of the finest quality, craftsmen's work of the highest standard. The taste of the aristocracy served as a model for the cultural standards of the townspeople and this can be studied in the Museum of Municipal and Domestic History in the «Landhaus».
August also took a great interest in the castles situated

à la mort d'Auguste le Fort, en 1733, elle en recensait environ 50.000. Pöppelmann construisit en 1718 l'ancien palais Brühl, connu depuis 1726 sous le nom de palais Rutowsky et le palais Vitzhum pour l'un des fils du roi venant de Fatime. Ces édifices ont disparu mais l'on peut s'en faire une idée à l'aide de gravures et de documents photographiques. Toutes les constructions bourgeoises ont aussi été détruites y compris la plus somptueuse, celle de l'orfèvre Dinglinger, construite en 1715, dans la cour des Juifs. De l'élève et successeur de Pöppelmann, Johan Christoph Knöffel (1686–1752) qui montre déjà une tendance plus réservée, plus classique, il ne nous reste plus comme bâtiment témoin dans ce style que le palais des Laender datant de 1729, situé derrière l'Albertinum, bien entendu en ruines. Et du palais Cosel, reconstruit en 1760, il nous reste la cour d'honneur et les deux pavillons, le bâtiment principal ayant été détruit: l'architecte s'appelait Julius Heinrich Schwarze. Nous n'avons pas l'intention de considérer ici tous les édifices du même style érigés par Longuelune, de Bodt, Karcher, Naumann, Fäsch, Schatz et Bähr mais par contre nous aimerions rappeler suivant quels critères les bâtiments de la ville ont été érigés. En 1706 déjà, le roi suite à l'incendie subi par l'ancien Dresde (plus tard Neustadt) avait déclaré qu'il était défendu de construire des maisons en bois et celles qui avaient échappé aux flammes n'avaient même pas le droit d'être réparées. L'objectif poursuivi était de faire construire de belles bâtisses, élégantes et confortables, harmonieuses entre elles et bien intégrées dans le paysage. C'est la raison pour laquelle Le Règlement de Construction de 1720 stipulait qu'avant l'entreprise de quelques travaux que ce soit un plan devrait être présenté à une commission indiquant l'emplacement et devant fournir une coupe horizontale et verticale du projet ainsi que des maquettes. Les toits à mansardes étaient fortement conseillés. Les façades devaient être de couleurs décentes.

Museum für Stadtgeschichte im «Landhaus» eindrucksvoll dargeboten wird.

Augusts Interesse galt auch den um die Stadt gelegenen Schlössern. Sie waren Teile seines Residenzprogramms. Schloß Pillnitz war 1694 von den Wettinern erworben, zweimal an Maitressen verschenkt und zweimal wieder eingezogen worden. Pöppelmann war seit 1720 beauftragt, ein «indianisches» Lustgebäude anstelle des alten Schlosses für den König zu errichten. Unter indianisch verstand man ostasiatisch, und mit den geschweiften Dächern und Zierkaminen wollte man am Außenbau diesen Charakter anzeigen. 1721 war das Wasserpalais am Elbufer bereits vollendet, 1786 setzte man ihm Flügelbauten an. 1722/23 schuf man hinter dem Wasserpalais mit dem Bergpalais einen architektonischen Zwilling, zwischen beiden wurde ein Lustgarten angelegt. Im späten 17. Jahrhundert wurde Pillnitz kurfürstliche Sommerresidenz und das Schloß unter Wahrung der Pöppelmannschen Grundidee erweitert. Es wurden Zwischentrakte geschaffen und das Innere zum Teil klassizistisch ausgestaltet.

Moritzburg war das große Jagdschloß der Wettiner nördlich der Stadt in einem großen Wald- und Teichgebiet. Auf die Zeit des Kurfürsten Moritz geht der Kern der Anlage zurück, ein Herrenhaus der Renaissance, von einem Mauergeviert mit vier dicken Rundtürmen umgeben. Seit 1661 hatte man eine Kapelle angebaut und den Hauptbau erweitert, 1695/96 war das alte Jagdschloß das Liebesnest für August den Starken und Aurora v. Königsmarck, die Mutter seines Sohnes Moritz. Wieder war es Pöppelmann, der zusammen mit Longuelune und fast gleichzeitig mit den Aktivitäten in Pillnitz Pläne liefern mußte für einen Umbau. Die Architekten brachten das Kunststück zustande, den Wunsch des Königs nach einem Zentralbau zu erfüllen, den äußeren Charakter des Vorgängerbaus zu erhalten und in der neuen Anlage sieben repräsentative Säle und 22 Wohnquartiere zu schaffen. Der Hauptbau erhebt sich über einer Plattform, die inselartig über den Teichflächen erscheint. Zwei breite Rampen, flankiert von Kavaliershäuschen, führen hinauf. Im Inneren, das von Le Plat gestaltet wurde, findet man kostbarste Ledertapeten, Porzellane, Möbel, im Monströsensaal die berühmten krankhaft verformten Rotwildgeweihe, dabei einen 66-Ender. Um das Schloß, dessen Architekturen sich im Wasser spiegeln, ziehen sich Alleen, in der Nähe befindet sich das Fasanerieschlößchen aus den 1770er Jahren, das Refugium für den Kurfürsten Friedrich August III., ein Zeugnis einer späteren Zeit, die in schon frühklassizistischen Formen das Private dem großen barocken Auftritt vorzieht. Moritzburg, das bis 1945 den Wettinern als Privatbesitz belassen worden war, ist heute Barockmuseum.

Zu erwähnen ist auch Großsedlitz, in Richtung Pirna gelegen. 1719 erwarb Graf Wackerbarth dort ein Gelände und ließ durch Knöffel einen Park anlegen, der als der großartigste des französischen Stils in Sachsen gilt. 1723 kaufte August der Starke seinem obersten Baubeamten Wackerbarth die gesamte Anlage ab. Vom Schlößchen ist die Orangerie erhalten geblieben, die auf Pöppelmanns Pläne zurückgeht. Wir erwähnen schließlich Übigau, am rechten Elbufer Richtung Radebeul gelegen, ein Schloß mit großer Gartenanlage und Wassertreppe zur Elbe, das Eosander von Göthe für Johann Heinrich von Flemming, Kabinettsminister des Königs und Generalfeldmarschall, 1724/25 erbaute. Auch in diesem Fall erwarb August die soeben vollendete Anlage, die er im «persischen Stil» auszubauen gedachte.

Wir kehren in die Stadt zurück zum bedeutendsten

outside the town, they were all an intrinsic part of the programme he had devised for his royal seat. Pillnitz Castle had been acquired by the House of Wettin in 1694, given twice to mistresses and also reclaimed twice. After 1720 Pöppelmann was ordered to build an «Indian» pleasure dome for the king in the place of the old castle. Indian meant East Asian in those days and the sweeping roofs and ornamental chimneys were supposed to indicate this fact. By 1721 the Water Palace on the bank of the Elbe was already completed, in 1786 wings were added. In 1722/23 the Mountain Palace was built, an architectural twin of the Water Palace, and a pleasure garden was laid out between the two. Towards the end of the century Pillnitz became the summer residence of the elector and the castle was extended along the original lines indicated by Pöppelmann. Connecting tracts were added and the interior was decorated, partly in the Classical style.

Moritzburg was the large hunting-lodge belonging to the House of Wettin to the north of the town in a large area of woodland and ponds. The oldest part of the building, a manor house in the Renaissance style surrounded by four walls with four sturdy round towers, dates back to the days of Elector Moritz. In 1661 a chapel was added and the main building extended, in 1695/96 this old hunting-lodge became the love-nest of August the Strong and Aurora von Königsmarck, the mother of his son Moritz. It was again Pöppelmann who, together with Longulune, had to supply plans for alteration almost at the same time as he was working on Pillnitz. The architects managed to comply with the king's wish for a central building which retained outwardly the character of the original castle while providing in the new part seven reception rooms and 22 living quarters. The main building rises above a platform which seems like an island above the surface of the pond. Two wide ramps with noblemen's houses on either side lead up to it. The interior, which was done by Le Plat, has precious leather tapestries, china and furniture and in the monstrosity room the famous ill-shapen antlers of red-deer, one with 66 ends, can still be seen. Around the castle, which is reflected in the water, there are avenues for strolling and nearby there is a little castle, the Fasanerie from around 1770, where Elector Friedrich August III liked to retire from the public eye, a witness to a later period which is already early Classical in style and gives preference to an atmosphere of privacy over the grand style of the Baroque. Moritzburg, which remained the private property of the House of Wettin until 1946, is a Baroque museum today.

Mention should also be made of Großsedlitz, on the road to Pirna. In 1719 Count Wackerbarth bought land there and had Knöffel lay out a park which is considered to be the finest example of the French style in the whole of Saxony. In 1723 August the Strong bought the whole site off his chief administrator of buildings, Wackerbarth. All that is left of the little castle is the orangery which was built to plans by Pöppelmann.

And finally, mention should also be made of Übigau, situated on the right bank of the Elbe in the direction of Radebeul, a castle with extensive gardens and a water-staircase down to the Elbe which was built by Eosander von Göthe for Johann Heinrich von Flemming, a cabinet minster of the king and general field marshal, in 1724/25. In this case, too, August bought the castle on its completion and planned to extend it «in the Persian style».

We now return to Dresden itself, to the most important of the sacred buildings in the time of August the Strong. At the beginning of the 18th century the medieval

En remontant la rue principale du quartier de Neustadt nous pouvons encore voir aujourd'hui quelques immeubles témoins de cette époque nous soulignant le caractère de cette architecture.

L'intérêt d'Auguste s'est aussi porté sur les châteaux situés autour de la ville. Ils faisaient partie des affaires résidentielles. Le château Pillnitz passa en 1694 dans les mains de la famille des Wettin, fut deux fois l'objet d'un présent pour ses maitresses et deux fois repris. Depuis 1720, Pöppelmann était chargé d'aménager, à la place de l'ancien château, une maison de plaisirs «indienne». Ce mot «indien» sous-entendait l'Asie de l'est et les façades extérieures étaient prévues avec des toits bombés à la chinoise et des pignons. En 1721, le palais près de l'Eau venait d'être terminé et se vit agrandi en 1786 par d'autres ailes de bâtiment. En 1722/23, dans l'arrière plan de ce palais, on vit se dresser son sosie; le palais de la Montagne, véritable réplique du premier. Un même parc les réunissait. En fin de siècle, Pillnitz devint la résidence d'été et le château fut agrandi d'après les idées de Pöppelmann. Certaines parties intermédiaires furent rajoutées et l'intérieur fut en partie aménagé en style Louis XV.

Le château de Moritzburg a été le grand rendez-vous de chasse des Wettin qui se trouvait au nord de la ville dans un région de forêts et d'étangs. La partie ancienne date de l'époque du duc Maurice, demeure seigneuriale de la Renaissance, entourée par quatre remparts complétés par quatre tourelles. Depuis 1661, on assista à la construction d'une chapelle et à un agrandissement du bâtiment central et en 1695/96 ce rendez-vous de chasse était devenu le lieu de rencontre d'Auguste le Fort et d'Aurore de Königsmark, la mère de son fils Maurice. Une fois de plus, on fit appel à Pöppelmann qui dut ensemble avec Longuelune et presque au même moment que les travaux de Pillnitz élaborer des plans de transformation. Les architectes réussirent un véritable tour de force tout d'abord en réalisant, comme le roi le désirait, un bâtiment central, tout en gardant le caractère extérieur de l'ancien édifice, et en agençant ensuite ce nouvel ensemble avec sept salles de réception et vingt-deux appartements. La partie centrale se dresse sur une plate-forme et se présente comme un îlot au-dessus des bassins. On peut y accéder par deux larges rampes flanquées de guérites. Les intérieurs aménagés par le Plat nous dévoilent de précieuses tapisseries en cuir, des porcelaines, des meubles et dans une grande salle nous pouvons admirer les célèbres bois de cerfs dont l'un détient 66 rames. Les environs de ce château dont l'architecture se reflète dans les plans d'eau sont quadrillés par des allées. Non loin de là se dresse la Grande Faisanderie qui date des années 1770 et qui servait de refuge au Prince Frédéric Auguste III, une oeuvre qui déjà avec des lignes neo-classiques a préféré conserver l'atmosphère privée du grand baroque. Moritzburg, qui resta jusqu'à nos jours un musée baroque.

Notons aussi Großsedlitz, en direction de Pirna. En 1719, le duc Wackerbarth acquit des terres où il fit aménager, par Knöffel, un parc considéré en Saxe comme le plus réussi en style baroque. En 1723, Auguste le Fort racheta à son architecte l'ensemble du projet. Il ne reste de ce petit château que l'Orangerie exécutée d'après les plans de Pöppelmann. Citons enfin Übigau, situé sur la rive droite de l'Elbe en direction de Padebeul, un château entouré de parcs, agrémenté d'un escalier descendant jusqu'à l'Elbe, réalisé en 1724/25 par Eosander von Göthe pour Johann Heinrich von Flemming, ministre du cabinet du roi et feld-maréchal. Ici aussi, Auguste racheta l'objet tout achevé ayant l'intention de le remodeler en «style persan». Nous retournons en ville pour voir l'édifice sacré le plus

Schloß Moritzburg bei Dresden, Kupferstich von Johann August Corvinus, 1733.

Moritzburg Castle near Dresden, a copper engraving by Johann August Corvinus, 1733.

Château de Moritzburg dans les environs de Dresde, gravure sur cuivre de Johann August Corvinus, 1733.

Sakralbau der Zeit Augusts des Starken. Am Anfang des 18. Jahrhunderts war die mittelalterliche Frauenkirche zu klein geworden, darüber hinaus auch baufällig. Das protestantische Bürgertum erhob Anspruch auf einen neuen, würdigen, monumentalen Bau am selben Platz, dem Neumarkt, der auch im Inneren das Bedürfnis nach einem großen repräsentativen Predigtraum erfüllen sollte. Der bürgerliche Ratszimmermeister George Bähr (1666–1738) löste die vieldiskutierte architektonische und städtebauliche Aufgabe und schuf den bedeutendsten protestantischen Kirchenbau der Barockzeit in Deutschland. Die Kirche wurde 1726–34 aus Sandsteinquadern hochgeführt, dem reich gegliederten Kubus eine glockenartige Kuppel mit Laterne aufgesetzt, die ebenfalls aus Quadern gefügt war. Der katholische König beurteilte das protestantische Projekt allein unter künstlerischen Gesichtspunkten. Er war es sogar gewesen, der die Kuppel gefordert hatte, um einen neuen Akzent im Stadtbild zu gewinnen. Bekanntlich sah er in der Elbe seinen Canale Grande und die Kuppel Bährs konnte eine Erinnerung an Santa Maria della Salute in Venedig sein. Am 14. Februar 1945 stürzte der glühend erhitzte Bau in sich zusammen. Das Quadergebirge und die Mauerfragmente am Neumarkt gelten seitdem als Mahnmal gegen den Krieg, für den Frieden. Vor den Trümmern fand die oppositionelle Friedensbewegung im Dresden der 1980er Jahre einen Sammlungspunkt, hier wuchs die Solidarität, die zu dem Umschwung am 9. November 1989 beitrug.

Church of Our Lady had become too small and had also fallen into disrepair. The Protestant citizens demanded that a new, more worthy, monumental building should be erected on the same site, on the Neumarkt, a church which would provide space inside for large congregations to listen to the sermon. The town carpenter, George Bähr (1666–1738) put a successful end to all the discussion about architecture and town planning by building the most important Protestant church of the Baroque period in Germany. The church was built of sandstone blocks between 1726–34, the main body of the building being crowned by a bell-shaped dome and lantern, also made of sandstone blocks. The king, being a Catholic, judged this Protestant church on its artistic merit alone. In fact, it was he who demanded that a dome should be added to lend a different aspect to the skyline of Dresden. It is a well-known fact that he saw the Elbe as his own Canale Grande and Bähr's dome could easily have been to remind him of Santa Maria della Salute in Venice. On 14. February, 1945, the building caught fire and collapsed. The heap of sandstone blocks and bits of wall which has stood on the Neumarkt ever since serve as a memorial for peace, as a reminder of the horrors of war. It was here, before the ruins of this famous church, that Dresden's opposition movement of the 1980's began, this is where they often met and where the feeling of solidarity grew which led ultimately to the revolutionary changes of 9. November 1989.

marquant de l'époque d'Auguste le Fort. Au début du 18ème siècle, l'église Notre-Dame, datant du Moyen-Age s'avéra trop petite et de plus était en fort mauvais état. La bourgeoisie protestante réclama que soit érigé, à ce même endroit, le Neumarkt, un immense édifice, plus digne, et où l'on pourrait à l'intérieur tenir des sermons dans une nef plus représentative. Le Maitre charpentier du Conseil, un bourgeois, George Bähr (1666–1738) résolut les problèmes d'architecture et d'urbanisme, trés discutés, et réalisa l'église protestante la plus impressionnante de l'époque baroque. Les travaux ont duré de 1726 à 1734. Elle fut réalisée avec des blocs de grès quadrangulaires, le cube finement monté fut couronné par une coupole ressemblant à un clocheton, lui aussi exécuté en pierre de taille. Le roi catholique ne se prononça pour ce projet protestant qu'au niveau artistique. C'est lui-même qui avait exigé ce genre de coupole afin de donner une autre image à la ville. Comme nous le savons, l'Elbe à cet endroit lui rappelait le Canale Grande et la coupole de Bähr pouvait être en sorte la Santa Maria della Salute de Venise. Cette oeuvre fut réduite en cendres le 14 février 1945. Les ruines et les fragments de murs du Neumarkt ont été laissés tels quels en souvenir des victimes du bombardement. C'est devant ces décombres que s'est rassemblé dans les années 80 le mouvement de l'opposition pour la paix, c'est ici que le mouvement de solidarité prit forme et nous mena au renversement politique du 9 novembre 1989.

Rokoko, Klassizismus und Romantik

August der Starke starb am 1. Februar 1733 in Warschau nach 39jährigem Regiment. In Krakau wurde er beigesetzt, sein Herz wurde in einer silbernen Kapsel nach Dresden überführt. Etwa gleichzeitig wurde die Frauenkirche vollendet und am Neustädter Markt sein Reiterstandbild, der «Goldene Reiter», aufgestellt. Roß und Reiter sind nach Osten orientiert, sie wollen durch die Neustädter Hauptstraße in das polnische Königsreich aufbrechen.

Das 30jährige Regiment des Sohnes und Nachfolgers Kurfürst Friedrich August II. (reg. 1733–63), als König von Polen August III., ist bestimmt durch die Sittlichkeit des Fürsten, die Maitressenwesen und Frivolitäten ausschloß, durch ein neues, schon bürgerlich-wissenschaftlich bestimmtes Bildungsethos, dem wir die wohlgeordneten und bereicherten Sammlungen des Königs verdanken, durch die Gestalt des allmächtigen Ministers Graf Brühl und durch die katastrophale Situation Sachsens zwischen Preußen und Oesterreich im Siebenjährigen Krieg, die Friedrich d. Großen 1759 veranlaßte, Dresden zu beschießen und in den Stadtorganismus schwere Wunden zu schlagen. Die Konversion Augusts des Starken zum Katholizismus 1697 hatte im Mutterland der Reformation verständlicherweise Empörung ausgelöst. August, der alles andere als ein religiöser Bekenner oder gar Eiferer war, verzichtete darauf, seine lutherischen Untertanen mit einem repräsentativen Sakralbau zu konfrontieren. Erst sein Sohn legte 1739 den Grundstein für ein großes Projekt des römischen Architekten Gaetano Chiaveri (1689–1770). Die Pläne wurden zunächst geheim gehalten, dann ständig ausgeweitet. Der Bauplatz zwischen der Nordfront des alten Renaissanceschlosses und dem südlichen Brückenkopf der Elbbrücke war nicht der einfachste. Städtebauliche Gesichtspunkte und konfessionelle Rücksichtnahme waren zu beachten. Es entstand eine sehr vornehm wirkende Anlage mit einem Turm über der Eingangsfront, der sich nach oben feingliedrig auflöst, der Elbbrücke zugewendet ist und seit 1755 ein unersetzliches Element im Dresdner Stadtbild ist. Am Außenbau besetzen 64 große Heili-

The Rococo, Classicism and Romanticism

August the Strong died in Warsaw on 1. February, 1733, after ruling for 39 years. He was buried in Krakau but his heart was carried back to Dresden in a silver container. At about the same time, the Church of Our Lady was completed and an equestrian statue of the king, the 'golden rider' was set up on the market square in Neustadt. Both horse and rider face east, as if they intended to ride down the main street of the Neustadt on their was to August's Polish kingdom.

August's son and successor, Elector Friedrich August II (ruled 1733–63), who was known as King August III of Poland, ruled for 30 years and his reign was characterized by his morality, he disapproved of mistresses and frivolity. His reign was a time in which education of the general public became important, the royal collections were well-ordered and many new scientific items were added; it was the time of that all-powerful minister Count Brühl and the time of the 7 Years War between Prussia and Austria which put Saxony, placed as it was between the two, in a catastrophic situation which resulted in Friedrich the Great ordering fire to be opened on Dresden in 1759, causing great damage to the town. August the Strong's conversion to Catholicism in 1697 had understandably caused great consternation in the cradle of Protestantism. August, who was by no means a practising Catholic, had refrained from confronting his Lutheran subjects with a sacred building of his new faith. But in 1739 his son laid the foundation stone for a church to be built by the Roman architect Gaetano Chiaveri (1689–1770). The plans were kept secret at first but were gradually made more extensive. The site, between the north front of the old Renaissance castle and the southern head of the bridge over the Elbe, was not an easy one. Both the architecture of the town and the requirements of the Church had to be taken into consideration. The new church, when completed, was elegant with a tower over the front entrance which gradually became slender as it rose and faced the bridge over the river. Since 1755 this tower has had a place all of its own in the skyline of Dresden. 64 large figures of saints stand on the attics

Rococo, classicisme et romantisme

Auguste le Fort mourut à Varsovie le 1er février 1733 après 39 ans de règne. Il fut enterré à Cracovie et son coeur fut transferré dans un étui d'argent à Dresde. L'église Notre-Dame fut achevée presqu' à la même époque et l'on éleva sur la place du Neustadt sa statue équestre «le Cavalier d'or». Le cavalier et son cheval sont tournés vers l'Est comme s'ils voulaient remonter l'artère principale du Neustadt pour se rendre dans le royaume de Pologne. Les 30 années de règne du fils Auguste II (règne 1733–63), et en tant que roi de Pologne Auguste III, furent marquées par les bonnes moeurs du Prince, sans maitresses ni frivolités aucune, par une nouvelle culture raffinée, scientifique et à qui l'on doit les riches et méticuleuses collections du roi, par le personnage du très puissant ministre: le Comte Brühl et par la situation catastrophique de la Saxe entre la Prusse et l'Autriche, pendant la Guerre de Sept ans, qui amena Frédéric le Grand, en 1759, à attaquer Dresde et à porter des coups sérieux aux monuments dela ville. La conversion en 1697 d'Auguste le Fort au catholicisme avait naturellement dans ce berceau de la Réformation été considérée scandaleuse. Auguste qui était loin d'être un fervent de la religion, se garda d'affronter ses sujets de religion luthérienne en ordonnant la construction d'un édifice sacré. Ce n'est que son fils qui fit poser en 1739 la première pierre d'un grand projet élaboré par l'architecte romain Gaetana Chiaveri (1689–1770). Les plans, au début gardés secrets, prirent de plus en plus de proportions. L'emplacement prévu entre le front nord de l'ancien château Renaissance et le portail sud du pont enjambant l'Elbe n'était pas des plus simples. Il fallait respecter à la fois les points de vue urbanistiques et les critères religieux. Le résultat fut impressionnant. C'est une oeuvre élégante, surmontée à l'entrée par une tour se profilant finement vers le ciel, tournée vers le pont de l'Elbe et qui depuis 1755 est un objet irremplaçable pour ce qui est de la silhouette de la ville de Dresde. A l'extérieur, les attiques sont parcourues par une couronne de 64 statues représentant des personnages saints. A l'intérieur, la nef centrale est bordée d'un couloir réservé aux processions, les processions catho-

Brühl'sche Terrasse, das klassizistische Belvederegebäude von 1814, abgebrochen 1842; der Bau hatte einen spätbarocken, dieser einen frühbarocken Vorgänger.

The Brühl Terrace, the Classical belvedere of 1814, pulled down in 1842; the building had a late Baroque forerunner whereas the forerunner for this one was early Baroque.

Les terrasses de Brühl. L'édifice le plus classique du Belvédère datant de 1814, démoli en 1842; Cet édifice était de la fin baroque, l'actuel édifice du neo-baroque.

genfiguren die umlaufenden Attiken. Im Inneren umzieht ein Prozessionsgang das Mittelschiff, da katholische Freiprozessionen vermieden werden sollten. Ein Hauptdeckengemälde kam nicht mehr zur Ausführung, als berühmte Werke gelten das Hochaltarbild mit der Himmelfahrt Christi, von Anton Raphael Mengs 1752 in Rom gemalt, die Kanzel von Balthasar Permoser, 1752, und das Orgelwerk von Gottfried Silbermann, das letzte, das er 1753 geschaffen hat. In der Gruft sind alle Wettiner seit den Zeiten Augusts III. bis zum letzten sächsischen 1932 gestorbenen König bestattet. Die Kirche ist seit 1980 Bischofskathedrale der Diözese Dresden-Meißen.

Bereits im 18. Jahrhundert war die Dresdner Gemäldegalerie berühmt, die sich seit 1722 beim Stallhof, im späteren Johanneum, befand. Die Sammlung spiegelt noch heute den Geschmack ihrer beiden wichtigsten Erwerber, der Könige August II. und III. wider. Der italienischen Hochrenaissance, Giorgione, Tizian, Veronese, Tintoretto, galt ihr Hauptinteresse, aber auch die großen Flamen Rubens und van Dyck wurden erworben, wo dies möglich war. Von dem Franzosen Nicolas Poussin konnte man gleich sechs Meisterwerke kaufen. August III. ließ durch seine Galeriedirektoren und Agenten im großen Stil in Paris, Prag und Italien einkaufen. Es gelang ihm 1745, hundert Bilder der Sammlung des Herzogs von Modena zu erwerben, darunter Tizians «Zinsgroschen». Rembrandts «Selbstbildnis mit Saskia» konnte er aus Paris erwerben und der Höhepunkt war der schwierige, letztlich erfolgreiche Kauf von Raffaels «Sixtinischer Madonna» aus der Klosterkirche San Sisto in Piacenza. Das Gemälde war von Papst Julius II. in die Kirche gestiftet worden, der Hl. Sixtus, der links neben der Madonna kniet, trägt seine Züge. Der sächsische König hatte einen italienischen Geistlichen als Vermittler entsandt, der den Kaufpreis von 36 000 auf 25 000 Silbertaler «drücken» konnte. Als ihm das lange erwartete Meisterwerk in Dresden vorgeführt wurde, soll er ausgerufen haben «Platz für den großen Raffael!». Die vom gleichen Sammlerwillen geprägten klassischen Teile der Sammlung erkennt man noch heute an den einheitlichen geschnitzten Rokokorahmen mit den Initialen der Könige. Zu den Sammlungen, die zur Zeit Augusts III. besonders gepflegt wurden, gehörte das Kupferstichkabinett und die Antikensammlung, die 1723 in den Pavillons im Großen Garten eingerichtet wurde und die Johann Joachim Winckelmann bewunderte, der einige Zeit in Dresden lebte und kunsttheoretische Schriften verfaßte. Die Sammlung befindet sich heute im Albertinum.

Am Ausgang des Dresdner Rokoko begegnet ein unermeßlich reicher Mann, der es vom Silberpagen bei Hof bis zum allmächtigen Premierminister gebracht hatte, Heinrich Graf von Brühl (1700–63). Sein Palais von 1740 befand sich in der Augustusstraße, gegenüber der Langen Galerie (Fürstenzug) und wurde 1899 abgebrochen, um einen Bauplatz für das neue sächsische Ständehaus zu schaffen, den späteren Sächsischen Landtag. Hinter dem Palais, auf den barocken Festungsbastionen, reihten sich Brühls Gemäldegalerie, seine Orangerie, seine Bibliothek und sein Belvedere, alles von erlesenem Geschmack, was auch für die Einrichtung seines Palais galt. Friedrich d. Große ließ 1760 das Belvedere beschießen und damit zertrümmern, er betrachtete Brühl als persönlichen Feind. Die weiteren Bauten auf der Bastion verschwanden nach der Entmachtung des Ministers. Im frühen 19. Jahrhundert wurde an ihrer Stelle die Brühlsche Terrasse angelegt, wo sich die vornehme Welt zum Flanieren über der Elbe traf. Man nannte sie den Balkon Europas. Die

around the church, inside there is a processional aisle around the central nave as they were anxious not to have Catholic processions held in the streets. The main ceiling painting was never completed, the famous works of art in the church are the picture on the High Altar of Christ's Ascension, painted in Rome by Anton Raphael Mengs in 1752, Balthasar Permoser's choir, 1752, and the organ by Gottfried Silbermann, the last one he made, in 1753. All the members of the House of Wettin from the days of August III until the last king of Saxony, who died in 1932, are buried in the crypt. The church has been the cathedral church of the diocese of Dresden-Meißen since 1980.

Even in the 18th century the Dresden picture gallery was already famous, since 1722 it had been housed in the Stallhof, later in the Johanneum. Even today the collection still reflects the taste of the two kings who contributed most to it, August II and August III. Their main interest was in paintings of the high Renaissance in Italy by Giorgione, Titian, Veronese and Tintoretto but paintings by the great Flemish artists Rubens and van Dyck were also bought where possible. The collection includes six paintings by the French artist Nicolas Poussin. August III had his gallery directors and their agents buy paintings on a large scale in Paris, Prague and Italy. In 1745 he managed to acquire one hundred paintings from the collection of the Duke of Modena, among them a famous painting by Titian. Rembrandt's «Self-portrait with Saskia» was bought in Paris and his most difficult but prize acquisition was Raphael's «Sixtine Madonna» from the monastery church of San Sisto in Piacenza. The painting had been donated to this church by Pope Julius II, the figure of St Sixtus kneeling to the left of the Madonna looks like Julius. August had dispatched an Italian priest to act on his behalf and he managed to bargain the price down from 36 000 to 25 000 silver talers. When the long-awaited painting was finally presented to him in Dresden he is said to have called out «make way for the great Raphael». The Classical parts of the collection, which were collected just as eagerly, can be recognized today by the fact that they are all in identically carved frames with the king's initials. Parts of the collection which were very important during the reign of August III were the collection of copper engravings and the collection of works of art from Antiquity, which were housed in 1723 in the pavilions of the Großer Garten and were much admired by Johann Joachim Winckelmann, who lived in Dresden for some years and wrote papers on the history of art. Today the collection is to be found in the Albertinum.

At the end of the Rococo period in Dresden we come across the name of an extremely wealthy man who had started life as a silver page at Court and rose to become the all-powerful prime minister, Heinrich, Count of Brühl (1700–63). His palace was built in the Augustusstraße in 1740, opposite the Lange Galerie (the Prince's procession) and was pulled down in 1899 to make way for the new Saxon estates house, which later became the parliament. Behind Brühl's palace, along the fortifications left over from Baroque times, were Brühl's picture gallery, his orangery, his library and his belvedere, all in the finest of taste, as were the furnishings in his palace. In 1760 Friedrich the Great had his soldiers open fire on the belvedere and completely destroy it; he had always considered Brühl to be his personal enemy. The rest of the buildings along the bastions also disappeared when the minister fell from power. In the early 19th century the Brühl Terrace was laid out on the site and was where elegant society met to stroll along the Elbe. It has often been

liques en plein air étant déconseillées. Les peintures sur le plafond de la coupole ne purent pas être exécutées. Nous trouvons comme oeuvres célèbres le tableau d'autel représentant «La montée du Christ au ciel» réalisée en 1752 à Rome par Anton Raphael Mengs, la chaire de Balthasar Permoser, 1752, et les orgues de Gottfried Solbermann, sa dernière oeuvre datant de 1753. Dans la crypte repose toute la lignée de la famille des Wettin depuis l'époque d'Auguste III jusqu'au dernier roi de Saxe décédé en 1932. Cette église est depuis 1980 la cathédrale épiscopale du diocèse de Dresde et de Meissen. Au 18ème siècle déjà, la Galerie de peinture de Dresde qui se trouvait depuis 1722 dans la Cour des Ecuries, par la suite le Johanneum, jouissait d'une grande réputation. La collection laisse transparaitre encore aujourd'hui le bon goût de ses deux principaux acquéreurs: les rois Auguste II et Auguste III. Leur intérêt ne s'est pas non seulement porté sur les oeuvres de la renaissance italienne comme celles de Giorgione, le Titien, Veronese, Tintoretto mais aussi sur les grands Flamands tels que Rubens et Van Dyck. De la France, il leur fut possible d'acquérir d'un seul coup six oeuvres de Nicolas Poussin. Auguste III délégua de tous côtés: à Paris, Prague et en Italie, des directeurs de galeries et des agents. En 1745, il réussit à racheter cent peintures provenant de la collection des ducs de Modène dont la peinture du Titien, le «Denier». A Paris, il put avoir la toile de Rembrandt, le célèbre «Portrait de l'artiste avec Saskia» et enfin, obtenir la «Vierge de St Sixte» de Raphael venue du cloître de St Sixte de Piacenza. Cette peinture était une donation accordée par le Pape Julius II à Saint Sixte qui, agenouillé à gauche de la vierge, porte ses traits. Le roi de Saxe avait pris pour agent un personnage d'un ordre religieux d'Italie qui réussit à faire descendre le prix de 36.000 à 25.000 thalers. Lorsque ce chef-d'oeuvre, tant attendu, lui fut présenté à Dresde, il se serait écrié: Place pour le grand Raphael». Toutes ces pièces dûment collectionnées suivant un esprit classique sont reconnaissables de nos jours par leur encadrement rococo et les initiales du roi. A ces collections qui ont été l'objet d'une grande attention à l'époque d'Auguste III venaient s'ajouter le Cabinet des gravures et la collection d'objets antiques, exposée en 1723 dans les pavillons du Grand Parc et très admirée par Joachim Winckelmann qui demeura un certain temps à Dresde et rédigea des théories sur l'art. Cette collection se trouve actuellement dans l'Albertinum.

Nous trouvons à l'origine de ce rococo Dresdois, un homme très riche qui avait réussi en commençant comme page à la cour à devenir le Premier Ministre de l'état jouissant d'une très grande puissance. Il s'agit du Comte de Brühl (1700–63). Son palais, en 1740, se trouvait dans la Augustusstraße juste en face du Long Couloir (Procession des ducs) mais fut détruit en 1899, pour laisser place à un nouveau palais saxe, la future Diète de Saxe. Derrière ce palais, sur les bastions de fortification baroque, furent alignés plus tard la Galerie de peinture de Brühl, son orangerie, sa bibliothèque et son belvédère, tous agencés avec le plus grand goût que l'on retrouve aussi dans son ameublement. Frédéric le Grand ordonna l'attaque du belvédère en 1760, considérant Brühl comme son ennemi personnel. Les autres bâtiments de ce bastion ont disparu en même temps que la destitution du ministre. Au début du 19ème siècle, sur cet emplacement, des terrasses, dites les terrasses de Brühl, ont été aménagées et sont devenues un lieu de promenade élégant avec vue très agréable sur l'Elbe. Ce lieu a été appelé le balcon de l'Europe. Les enquêtes poursuivies après la chute de Brühl rapportèrent entre autres que le ministre Brühl

Untersuchungen nach der Amtsenthebung Brühls ergaben unter anderem, daß er 2,8 Millionen Taler, Gemälde im Wert von über 100 000 Talern und allein an Tee- und Cacaovorräten 870 Pfund besaß.

Der Tod Augusts III. 1763 und die Ergebnisse des Siebenjährigen Krieges leiteten in Sachsen und Dresden eine nüchterne Zeit ein. Auch in der Baukunst zeigten Architekturen wie das Landhaus (Stadthistorisches Museum) des Professors der Baukunst, Friedrich August Krubsacius (1718–89), klaren spröden Geist. Die Dresdner Akademie der Bildenden Künste, 1764 als Zeichenschule gegründet, war damals die geistig-künstlerische Mitte der Residenzstadt. Ihr hervorragendster Maler war der Proträtspezialist Anton Graff (1736–1813).

In die sich anschließende Zeit der Frühromantik, die in Dresden sehr fruchtbar war, fiel die größte Katastrophe in der Geschichte Sachsens, der Verlust von zwei Dritteln des Territoriums an Preußen als Ergebnis des Wiener Kongresses von 1815. Sachsen hatte sich zu spät von Napoleon losgesagt und wurde zum Gespött Europas. Den Dichtern, Malern, Kunsttheoretikern, Theaterleuten wie Schiller, Körner, Kleist, Tieck, Carus, Friedrich, die in dieser Zeit in Dresden lebten, begegnet man heute eindrucksvoll im restaurierten Haus der Familie von Kügelgen in der Neustädter Hauptstraße. Es wurde 1982 als Museum eröffnet.

Der bedeutendste Dresdner jener Zeit war Caspar David Friedrich (1774–1840) aus Greifswald, der 42 Jahre lang bis zu seinem Tod oft zurückgezogen in Dresden lebte. Wir kennen das Bild seines Freundes Kersting aus dem Jahre 1811, das Friedrich in seinem spartanischen Atelier im Haus «An der Elbe» 11 an der Staffelei zeigt. Er war wegen des guten Rufes der Akademie nach Dresden gekommen und fand nur langsam Beobachter, welche die religiösen, philosophischen und politischen Botschaften seiner Landschaftsgemälde verstanden, von denen die Dresdner Galerie «Neue Meister» zwölf besitzt. Eine Erweiterung der damaligen Gemäldesammlungen in die Gegenwart begann um 1843. Man erwarb Gemälde von Friedrich, von Dresdner Spätromantikern wie dem liebenswürdigen Ludwig Richter (1803–84), später von Malern wie Liebermann und von den damals modernen Franzosen. Es entstand die Sammlung «Neue Meister», zu deren wichtigsten Gemälden des 20. Jahrhunderts sicher die von Otto Dix (1891–1969) gehören.

referred to as Europe's balcony. The investigations that were carried out after Brühl was removed from office showed that he possessed 2.8 million talers, paintings worth more than 100 000 talers and 870 pounds worth of tea and cocoa supplies, amongst other things.

The death of August III in 1763 and the outcome of the 7 Years War heralded in a sombre period in the history of Saxony and Dresden. This clear, somewhat aloof mood was also reflected in the architecture, for example in the Landhaus (Museum of Municipal and Domestic History), the work of Friedrich August Krubsacius (1718–89), a professor of architecture. The Dresden Academy of Art, started as a school of drawing in 1764, was the intellectual and artistic heart of Dresden in those days. The best-known painter to study there was the portraitist Anton Graff (1736–1813).

In the period of early Romanticism which followed, and which was very fruitful in Dresden, the greatest catastrophe in the history of Saxony struck, two thirds of its territory was lost to Prussia as a result of the Congress of Vienna in 1815. Saxony had left it too late when it came to distancing itself from Napoleon and had thus become the laughing-stock of Europe. The poets, painters, art theorists and theatre folk of this period such as Schiller, Körner, Kleist, Tieck, Carus or Friedrich, who all lived in Dresden at the time, can be seen today in the restored home of the Kügelgen family in the main street of the Neustadt, which was opened as a museum in 1982.

The most famous citizen of Dresden in those days was Caspar David Friedrich (1774–1840) from Greifswald, who lived an often very retired life in Dresden for 42 years, until his death. We are all familiar with the painting by his friend Kersting from 1811 which shows Friedrich working at his easel in his spartan studio at number 11 An der Elbe. He had been attracted to Dresden by the good reputation of the Academy, but it was a long time before people began to understand the religious, philosophical and political messages which his landscape paintings contained, twelve of which are owned by the Dresden gallery «Neue Meister». In 1843 the gallery began to extend its original collection and bought paintings by Friedrich, by late Romantic painters living in Dresden such as Ludwig Richter (1803–84) and later by painters such as Liebermann and the «modern» French painters of the day. In this way the collection entitled «Neue Meister» was gradually accumulated. Some of the most important 20th-century paintings in the collection are certainly those by Otto Dix (1891–1969).

possédait plus de deux millions de thalers, des peintures dépassant une valeur de plus de 100.000 thalers et seules ses réserves en thé et cacao se montaient à 870 livres. La mort d'Auguste III en 1763 et les conséquences de la Guerre de Sept ans entraînèrent en Saxe et à Dresde une période de sobriété. Les constructions telles que le Landhaus (Musée historique de la ville) réalisé par le Professeur en architecture Frédéric Auguste Krubsacius (1718–89) nous montrent bien ce retour aux lignes claires et concises. L'école des Beaux-Arts de Dresde, fondée en 1764 en tant qu'école de dessin représentait alors le centre artistique et intellectuel du château résidentiel. Son peintre célèbre fut le portraitiste Anton Graff (1736–1813). Dans la période de neo-romantisme qui devait suivre, à Dresde trés florissante, la Saxe fut victime de la plus grande catastrophe de son histoire suite aux Décrets prononcés au Congrès de Vienne comme quoi elle devait céder deux tiers de son territoire à la Prusse. La Saxe s'était trop vite distancée de Napoléon et devint la risée de l'Europe. Dans la maison restaurée de la famille Kügelgen, on retrouve aujourd'hui, trés bien présentés, des poètes, des peintres, des professeurs d'art, des gens du théâtre comme par exemple Schiller, Körner, Kleist, Tieck, Carus, Frédéric qui à l'époque vivaient à Dresde. Ce musée à été ouvert en 1982 et se trouve dans l'artère centrale du Neustadt. L'un des personnages Dresdois le plus significatif de l'époque a été Caspar David Friedrich (1774–1840) de Greifswald, qui 42 ans durant vécut à Dresde, le plus souvent retiré. La peinture qui date de 1811, réalisée par son ami Kersting, nous montre Friedrich devant son chevalet, dans son sobre atelier de sa maison au 11 «sur l'Elbe». Il était venu à Dresde suite à la bonne réputation de son Académie et il n'obtenut que très lentement l'intérêt des personnes sachant reconnaitre les messages religieux, philosophiques et politiques de ses peintures champêtres. Douze d'entre elles se trouvent à la Galerie des peintres des XIX et XXème siècle («Neue Meister»). C'est environ vers 1843 que les collections de l'époque furent enrichies par des peintures d'avant-garde. Des peintures comme celles de Friedrich, de la fin-romantisme de Dresde comme celles de Ludwig Richter (1803–84), de peintres plus tard comme Liebermann et de français modernes furent acquises. C'est ainsi que la collection des «Nouveaux Maitres» fut mise sur pied dont l'oeuvre la plus marquante du XXème siècle est certainement celle d'Otto Dix (1891–1969).

Dresden seit dem mittleren 19. Jahrhundert. Die Stadt der Künste.

Ein hervorragender junger Architekt aus Altona, Gottfried Semper (1803–79), ließ sich nach seiner Studienreise auf Empfehlung Karl Friedrich Schinkels als Professor der Baukunst in Dresden nieder. Das Land wurde von konservativen Königen regiert und hatte auf Druck der Liberalen 1831 endlich eine Verfassung erhalten. Semper bekam den Auftrag, ein neues Opernhaus zu entwerfen, das schon 1838–41 in den klaren Formen der Florentiner Frührenaissance zwischen Zwinger und Elbe erbaut werden konnte. 1869 fiel es einem Brand zum Opfer. Das zweite große Projekt war eine neue Königliche Gemäldegalerie, da das Johanneum in keiner Hinsicht mehr ausreichte. Es wurden verschiedenste Standorte diskutiert, schließlich Sempers abgeänderter Plan eines Galerietrakts an der offenen Nordseite des Zwingers genehmigt. Der Bau

Dresden after the middle of the 19th century. A town of the arts.

An excellent young architect from Altona, Gottfried Semper (1803–79), settled in Dresden at the end of his study tour on the recommendation of Karl Friedrich Schinkel and became a professor of architecture there. The state was ruled by a conservative king and had finally, in 1831, been given a constitution, under pressure from the Liberals. Semper was commissioned to draw up new plans for an opera house which was built 1838–41, with the clear forms of the early Florentine Renaissance on a site between the Zwinger and the Elbe. It burned down in 1869. Semper's second large project was a new royal picture gallery as the Johanneum was no longer adequate. Many sites were discussed and finally Semper's plan to add a gallery tract to the open north side of the Zwinger was approved. Building was begun in 1847 in the style of the high

Dresde depuis le milieu du XIXème siècle. La ville des arts.

Un jeune architecte plein de talent, d'Altona, Gottfried Semper (1803–79) vint s'installer à Dresde, après son voyage d'études et sur les conseils de Karl Friedrich Schinkel, pour occuper le poste de professeur en architecture. Le pays dirigé par des rois conservateurs avait pu sous la pression des libéraux obtenir enfin en 1831 une constitution. Semper eut l'ordre de construire un théâtre lyrique qui prit place déjà en 1938–41 entre le Zwinger et l'Elbe se présentant avec des lignes nettes du début renaissance florentin. Ce bâtiment a disparu en 1869 dans un incendie. Le deuxième grand projet avait été une nouvelle galerie de peinture royale vu que le Johanneum ne suffisait plus, à tout point de vue. Il fut question de plusieurs emplacements et Semper, après avoir modifié son projet, se vit accorder l'emplacement situé sur le côté nord du Zwinger. Les travaux furent

Dresden-Neustadt, Kath. Pfarrkirche Franz Xaver, im romanisch-lombardischen Stil erbaut, 1852–55, zerstört 1945, Abbruch der Ruine 1957.

Dresden-Neustadt, the Catholic parish church of Franz Xaver, built in the Romanesque-Lombardian style 1852–55, destroyed in 1945, the ruin was pulled down in 1957.

Le quartier Neustadt de Dresde, l'église catholique paroissiale Franz Xaver de style roman-lombardien, 1852–55, détruite en 1945 et déblayée en 1957.

wurde 1847 in Formen der italienischen Hochrenaissance begonnen. 1849 war es in Dresden erneut zum Aufstand gegen das konservative Regime gekommen. Semper hatte dabei Anleitungen zum Barrikadenbau gegeben und mußte nach der Niederschlagung der Erhebung ebenso fliehen wie der damalige Hofkapellmeister Richard Wagner, der in Sempers Opernhaus die Uraufführung seines «Rienzi» geleitet hatte. 1945 wurde die Galerie schwer zerstört, die Gemälde waren ausgelagert, etwa 500 gingen dennoch verloren, die weiteren wurden von der Sowjetarmee gesichert und 1956 nach Dresden zurückgeführt, wo sie in der wiederaufgebauten Galerie gehängt werden konnten. 1871–78 baute Semper sein zweites, größeres Opernhaus am Dresdner Theaterplatz, das 1945 zerstört wurde und 1985 nach einer spektakulären Restaurierung und Rekonstruktion wieder eröffnet werden konnte. Die Oper und ihre Vorgängerinnen, das ehemalige Kommödienhaus, die Schloßkirchen und die Kreuzkirche sind die historischen Stätten des bedeutenden Dresdner Musiklebens. Zu diesen Traditionen gehört der seit dem 14. Jahrhundert bekannte Kreuzchor, der im 20. Jahrhundert mit Rudolf Mauersberger (1889–1971) einen bedeutenden Kantor besaß. Die Sänger Theo Adam und Peter Schreier (seine Schüler), sind aus dem Knabenchor hervorgegangen. Zur großen Tradition gehört auch Heinrich Schütz (1585–1672), seit 1617 Kapellmeister der Dresdner Hofkapelle. Seine erste deutsche Oper «Daphne» brachte er in Dresden 1627 zur Aufführung. Zu den Großen gehört auch Johann Adolph Hasse (1699–1783), der Vertreter der italienischen Oper in Dresden. Die neuere Operntradition reicht von Carl Maria v. Weber, der 1817 Kapellmeister wurde, über Wagner zu Richard Strauß. Berühmte Dirigenten wie Fritz Schuch und Rudolf Kempe leiteten die Hofkapelle, die seit 1918 Staatskapelle heißt.

Neben dem gebildeten Dresden des mittleren 19. Jahrhunderts, das am Theaterplatz seine Musentempel fand, gab es auch ein behaglich-residenzstädtisches

Italian Renaissance. In 1849 there was renewed rebellion against the government in Dresden. Semper had given instructions on the building of barricades and when the rebellion was squashed he had to flee, a fate shared by the court conductor of the time, Richard Wagner, who had conducted the première of his opera «Rienzi» in Semper's opera house. The gallery was also badly damaged in 1945, the paintings had been taken to safety but some 500 were nevertheless lost and the rest were secured by the Soviet army and given back to Dresden in 1956 and re-hung in the restored gallery. From 1871–78 Semper built his second large opera house on Dresden's Theaterplatz, but this was also destroyed in 1945. It was restored, and certain parts rebuilt, and opened again in 1985. The opera house and its predecessor, the Komödienhaus, the castle churches and the Kreuzkirche all played an important role in Dresden's musical life. The Kreuz choir, known since the 14th century, is also part of this musical tradition. In the 20th century the choir had an important man as choirmaster, Rudolf Mauersberger (1889–1971). Theo Adam and Peter Schreier are pupils of his who started their careers in the boys' choir. Heinrich Schütz (1585–1672) is also part of this tradition, he was choirmaster of the Court chapel in Dresden from 1617. His first German opera «Daphne» was presented in Dresden for the first time in 1627. And Johann Adolph Hasse (1699–1783) is another of the great names in this tradition. He represented Italian opera in Dresden. More recent names in this long tradition are those of Carl Maria v. Weber, who became choirmaster in 1817, Richard Wagner and Richard Strauß. Famous conductors such as Fritz Schuch and Rudolf Kempe have conducted the Court choir, which has been called the state choir since 1918.

Side by side with the cultural life of Dresden in the middle of the 19th century, which was centred on the Theaterplatz, there was also a special air to the town, an air typical of a royal seat. Dresden had 62 bakeries, all still in business in 1945, and wine bars and beer halls,

commencés en 1847 dans un style Renaissance avancé. L'année 1849 fut à nouveau marquée par un soulèvement contre le régime conservateur. Semper s'étant compromis dans l'édification des barricades dut après la défaite prendre la fuite tout comme le Maitre de chapelle de l'époque Richard Wagner qui pour la première fois, dans le théâtre lyrique de Semper, avait fait représenter Rienzi. En 1945, La Galerie fut sérieusement endommagée, les peintures avaient été évacuées, 500 ont été égarées, le reste cependant fut mis en sécurité par l'armée soviétique et restitué à Dresde en 1956 où elles ont pu être placées dans la galerie entretemps restaurée. De 1871 à 1878, Semper surveilla les travaux de son deuxième théâtre lyrique, plus spacieux, qui fut détruit en 1945 et réouvert en 1985 après des travaux de reconstruction et de restauration spectaculaires. L'Opéra lyrique et ses ancêtres, l'ancienne maison de la Comédie, l'église du château et l'église Sainte-Croix sont les témoins historiques de la vie musicale de Dresde. Depuis le XIVème siècle, faisant partie de cette tradition, on compte le célèbres cantors à savoir Rudolf Mauersberger (1889–1971). Les chanteurs Theo Adam et Peter Schreier ont fait leur école dans cette chorale. N'oublions pas non plus Heinrich Schütz (1585–1672) qui fut Maitre de chapelle à partir de 1617 dans la chapelle de la cour Dresdoise. Il présenta son premier opéra allemand «Daphné» en 1627. Citons aussi parmi les grands noms: Johann Adolph Hasse (1699–1783), le médiateur de l'opéra italien à Dresde. La tradition se poursuivit avec Carl Maria von Weber qui devint en 1817 dirigeant, Wagner et Richard Strauss.

En plus de ce Dresde intellectuel du milieu du XIXème siècle, avec ce temple de muses sur la Theaterplatz, il régnait dans cette cité une certaine effervescence et atmosphère de bien-être, dûes à la présence de 62 boulangeries encore toutes là en 1945, aux auberges débitrices de vin et de bière, aux vieux hôtels où venaient loger la noblesse de province, au marché de Noël, appellé ici le marché aux brioches, et aussi à son fameux pain de Noël.

Flair in der Stadt, zu dem die 62 Konditoreien gehörten, die man noch 1945 zählte, die Wein- und Bierwirtschaften, die alten Hotels, in denen der Landadel logierte, der Weihnachtsmarkt, der hier Striezelmarkt hieß, und der berühmte Dresdner Christstollen.

Doch in den Randbezirken der Stadt entwickelten sich auch beachtliche Industrien, es wurden und werden Photogeräte, Kosmetik, Motoren, Nähmaschinen, Porzellan hergestellt. Schon 1871 besaß Dresden 177 000 Einwohner. Die baulichen Erweiterungen und Erneuerungen am Jahrhundertende zeigten sich in Renaissance- und Barockgestalt; wir nennen die großen Ministerien am rechten Elbufer, den Neubau des Georgentors und die Schloßerneuerungen, das Ständehaus, das Albertinum, die Kunstakademie, die Albrechtsschlösser in Loschwitz, das neue Rathaus.

Dresden blieb die bedeutende Kunststadt, die sie seit der Renaissance war. Hier erschien seit 1887 die Zeitschrift «Der Kunstwart», die Beachtung fand, hier trafen sich im Jahre 1900 erstmals alle deutschen Denkmalpfleger, um ihre Aufgaben zu definieren, hier fand 1906 die Große Kunstgewerbeausstellung statt, wurden gleichzeitig im Vorort Hellerau, der ersten deutschen Gartenstadt, von Karl Schmidt die Deutschen Werkstätten mit dem Ziel gegründet, noble schlichte Möbel werkgerecht herzustellen. Richard Riemerschmid, Hermann Muthesius, Fritz Schuhmacher lieferten dazu Entwürfe. Zu den Architekten dieser Reformzeit gehörten Hans Erlwein, Wilhelm Kreis, Martin Dülfer.

Zwischen dem 9. November 1918 und dem 9. November 1989

Von den sächsischen Königen des 19. Jahrhunderts ist unvergleichlich weniger zu berichten als von den großen Vorfahren des Mittelalters, des 16. und des 18. Jahrhunderts. Sie lebten meist zurückgezogen, am liebsten zivil. Einen glücklichen Abgang nahmen sie nach 829 Jahren mit König Friedrich August III. (1865–1932), der 1918 dem Thron entsagte. Er war überaus volkstümlich, ein guter Menschenkenner mit Witz und Güte, Freundlichkeit und Distanziertheit. Kein Sachse, der nicht etwas über den «Geenisch» zu erzählen hätte! Die 1945 zu Tode getroffene Stadt und ihre Menschen versuchten weiter zu leben. Zwinger, Hofkirche, Sempergalerie und Oper konnten wieder aufgebaut werden. Alle Sammlungen stehen dem Publikum offen und werden gepflegt. Neue Wohngebiete wurden geschaffen. Es gibt Bildungseinrichtungen für 50 000 Studenten und eine qualifizierte Elektronikindustrie. An Touristen ist kein Mangel. Es wird erstklassige Musik geboten, der Trompeter Ludwig Güttler ist ein weltbekannter Virtuose, und weltweit begehrt ist noch immer das Porzellan aus dem nahen Meißen.

Wenig Monate nach den grundlegenden politischen und gesellschaftlichen Veränderungen in der DDR werden auch die Fragen der Stadtentwicklung Dresdens und der Versäumnisse der letzten Jahrzehnte neu gestellt.

Die Stadt, wendet sich in neuer Weise der Welt und ihren vielen Besuchern zu, die Passagierschiffe der «Weißen Flotte» fahren nach vielen Jahrzehnten wieder elbabwärts nach Hamburg. Die Dresdner Bürger, die großen Anteil an der politischen Wende hatten, interessieren sich brennend für eine sinnvolle Zukunft ihrer Stadt.

old hotels where the local gentry liked to stay, a Christmas market, called Striezelmarkt, and last but by no means least the famous Christmas Stollen, a speciality from Dresden.

But on the outskirts of the town there was also quite a lot of industry. Cameras, cosmetics, engines, sewing machines and china have always been produced here. In 1871 Dresden already had a population of 177 000. The buildings that were altered or put up at the end of the century were all in the Renaissance or Baroque styles; we should perhaps mention some of them here, the large ministries on the right bank of the Elbe, the new Georgentor and other renovation work on the castle, the estates building, the Albertinum, the Academy of Art, the Albrecht castles in Loschwitz and the new town hall.

Dresden remained the important town with regard to the arts that it had been since the Renaissance. The magazine «Die Kunstwart» has been published here since 1887 and enjoys a good reputation; it was in Dresden that all of Germany's curators of monuments met for the first time in 1900 to define what their job entailed; it was in Dresden that the large Art and Crafts Exhibition took place in 1906 and in the same year the Deutsche Werkstätten were founded in the suburb of Hellerau, the first garden city in Germany, by Karl Schmidt with the aim of making elegant, simple furniture. The furniture was designed by Karl Riemerschmid, Hermann Muthesius and Fritz Schumacher. Among the architects of this period of reform were Hans Erlwein, Wilhelm Kreis and Martin Dülfer.

From 9. November 1918 to 9. November 1989

There is noticeably less to report about the kings of Saxony during the 19th century than there was about their great forefathers in the Middle Ages and in the 16th and 18th centuries. They usually led retired lives, preferring no pomp. The last of these monarchs, after 829 years of unbroken rule, was King Friedrich August III (1865–1932) who abdicated in 1918. He was very much a man of the people, a connoisseur of men with plenty of wit and a kind heart, friendly but not familiar. There is no Saxon who hasn't a story to tell about his «Geenisch», as the word for king sounds in the local dialect. The town of Dresden, struck down in 1945, and its people have both tried to build a new life. The Zwinger, the Court church, Semper's gallery and opera house were rebuilt. All the collections are open to the public and are well looked after. New suburbs were built to provide more housing. There are places for 50 000 students to study and a highly-developed electronics industry. There is also no lack of tourists. First-class music is on offer all the time, Ludwig Güttler, the trumpeter, is a virtuoso of the first order and the china manufactured in Meißen nearby is still in great demand all over the world.

Only a few months after the shattering political and social changes which have taken place in the GDR, questions are already being asked about the future development of Dresden and about what has not been achieved in the last decades. Dresden, which will almost certainly become district capital again shortly, is turning to face the world and welcome its many visitors, the boats of the «Weiße Flotte» are sailing down the Elbe to Hamburg again, after a break of many decades. The people of Dresden, who played such an important role in bringing about these political changes, are taking a keen interest in seeing that their town definitely has a future to look forward to.

Cependant, dans les faubourgs à la périphérie de la ville, d'importants centres industriels se sont développés comprenant la fabrication d'appareils photos, de produits cosmétiques, de moteurs, de machines à coudre, de la porcelaine. En 1871, Dresde comptait déjà 177.000 habitants. Les constructions et rénovations effectuées au cours de ce siècle étaient de style renaissance et baroque et pour n'en citer que quelques unes: les grands Ministères sur la rive droite de l'Elbe, le Georgentor et le château après leur reconstruction, l'Albertinum, l'Académie des Beaux-arts, le château d'Albrechtsburg à Loschwitz, le nouvel Hôtel de ville. Dresde est restée une grande ville d'art, tout comme à la Renaissance. C'est ici qu'est parue la revue «Der Kunstwart», revue trés appréciée, c'est ici que pour la première fois en 1900, tous les conservateurs d'Allemagne se sont réunis dans le but de définir leur tâche, c'est ici que s'est déroulée en 1906 la grande exposition industrielle et qu'à la même époque, dans la banlieue de Hellerau, Karl Schmidt a décidé d'ouvrir les Ateliers Allemands qui avaient pour but la fabrication artisanale de meubles cossus présentant cependant des lignes simples. Richard Riemerschmid, Hermann Muthesius, Fritz Schuhmacher en livrèrent les esquisses. et de cette époque de la réforme citons Hans Erlwein, Wilhem Kreis et Martin Dülfer.

Du 9 novembre 1918 au 9 novembre 1989

En comparaison avec les grands noms du Moyen-Age, du 16ème et 18ème siècle, il y a vraiment peu à dire sur les rois Saxons du 19ème siècle. Ils ont mené pour la plupart une vie plutôt retirée, au pire dans le civil. Avec le refus au trône, en 1918 d'Auguste III (1865–1932), les 829 années de règne prenaient un tournant heureux. Cet homme était très populaire, il connaissait bien la nature humaine, faisait preuve de beaucoup d'humour et de bonté, était gai et cependant distant. Chaque Saxon était capable de raconter quelque chose au sujet de ce «géénie…»

La ville et ses habitants frappés à mort en 1945 se sont efforcés de continuer à vivre. Le Zwinger, la cathédrale, la Galerie de Semper et l'Opéra ont pu être reconstruits. Toutes les collections sont précieusement conservées et ouvertes au grand public. Des nouveaux quartiers ont été aménagés. Les complexes universitaires peuvent abriter 50.000 étudiants. Les touristes affluent de toutes parts. La musique est de haut niveau, le trompétiste Ludwig Güttler est un virtuose de renommée mondiale et la porcelaine de Meissen est encore la plus prisée dans le monde.

Peu de mois après les bouleversements fondamentaux au niveau social et politique qui viennent d'avoir lieu en RDA, il va être possible de remettre en question le développement de Dresde et la reconstruction de toutes les pertes subies durant les dernières décennies. La ville qui redeviendra certainement sous peu la capitale du land, offre un nouveau visage à ses visiteurs et au monde, le bâteau de la «flotte blanche», après de nombreuses années, remonte à nouveau l'Elbe en direction de Hambourg.

Les Dresdois qui ont pour ainsi dire presque tous pris part au renversement politique actuel n'ont qu'un seul souhait: pouvoir assurer à leur ville un avenir raisonnable.

Die Farbtafeln

Captions in English

33 Dresden, view across the Elbe to the Altstadter Ufer with the Augustus Bridge, the parliament building, the court church and the castle.

34 View from the Altstadt side of the river across the Augustus Bridge to the Neustadt with the Baroque «Blockhaus» and the Church of the Epiphany.

35 View from the tower of the new town hall looking north-west to the Catholic court church and, left, the ruins of the castle.

36 View from the tower of the new town hall looking north to the ruins of the Church of Our Lady on the Neumarkt, which was bombed on 13. February, 1945. In the background the Elbe and the Neustadt with the Church of the Epiphany.

37 The Jägerhof in the Neustadt, built 1568–1613 as a hunting lodge, is now a museum of folklore.

38 The royal castle, first built in 1471 on a medieval site, was altered in the 16th century in the generous style of the Renaissance, renovated between 1890 and 1902 in the Renaissance style and burned down on 13. February, 1945. Work on the re-building is expected to be completed by 2006. The photograph shows part of the north wing in the neo-Baroque style and the Catholic court church.

39 The royal castle, parts of the «Grünes Gewölbe» on the ground floor of the west wing during the exhibition «The Castle of Dresden» 1989/90. In the foreground is the large model of the Renaissance castle of the 16th century.

40 The Renaissance door from the chapel of the castle, now in the Johanneum, west front, around 1555.

41 Dresden Castle, the Stallhof (1586–91) with the restored facade decoration from the Renaissance period.

42 Monument to Elector Moritz of Saxony, killed in war in 1553, and his brother August (1553–86), who is accepting the electoral sword. It once stood on the Hasenbastei and was moved to the Brühl Terrace in 1896.

43 Royal Castle, Georgentor (Elbe Gate), originally 16th century but largely re-built around 1901.

44 Friedensbrunnen 1648, the figure of the Goddess of Peace was erected in 1683 to celebrate the victory over the Turks near Vienna, which is why the fountain is sometimes referred to as the Türkenbrunnen.

45 The palace in the Großer Garten, built by Johann Georg Starcke 1678–83.

46 The palace in the Großer Garten, a group of statues in the grounds entitled «Time kidnaps Beauty» by Pietro Balestra.

47 Dresden, the Zwinger, a large Baroque building (1711–28) by M. D. Pöppelmann; the Wall pavilion.

48 Zwinger, Wall pavilion – fawn on a pedestal by B. Permoser.

49 Zwinger, Wall pavilion – a group of Hermes by B. Permoser.

50 Zwinger, nymphs' bath near the Wall pavilion with nymphs by B. Permoser.

51 Zwinger, the maths and physics salon, a pavilion on the Wall side of the site built by Pöppelmann around 1711.

52 Zwinger, a china collection in one of the galleries.

53 «Grünes Gewölbe», in the Albertinum at the moment, some of the collection.

54 The ruins of the Taschenberg palace, built 1707–11 for Countess Cosel by M. D. Pöppelmann.

55 Japanese palace in the Neustadt, built 1727 by M. D. Pöppelmann.

56 «Grünes Gewölbe», a table set by Johann Melchior Dinglinger with a portrait of August the Strong.

57 Zwinger, inside the maths and physics salon with its historical collections.

58 Catholic court church (1739–55) by Gaetano Chiaveri, a view of the organ gallery and the organ by Johann Gottfried Silbermann (1753).

59 The market square in the Neustadt with the equestrian statue of August the Strong (Golden Rider) 1736.

60 Dresden. View of the Brühl Terrace with the secun-dogeniture (1907), the parliament of Saxony (1901–06), the Catholic court church (1939–55) and Semper's opera house (1871–78) which was re-built in 1985.

61 The Catholic court church and the castle, which is being re-built, seen from the Theaterplatz.

62 Johanneum (traffic museum) on the Neumarkt, 1586–91, extended in the 18th and 19th centuries with the Friedensbrunnen in the foreground.

63 The main street in the Neustadt (Street of Liberation) with restored houses in the Baroque style.

64 Dresden-Friedrichstadt, the Neptune fountain by Zacharias Longuelune and Lorenzo Mattielli, 1746, in the grounds of the Mancolini palace.

65 Dresden-Friedrichstadt, Mancolini palace, 18th century, pavilion on the garden side.

66 The guard-house in the Altstadt on the Theaterplatz, built 1830–32 to a plan by Karl Friedrich Schinkel.

67 The guard-house in the Neustadt near the former Leipzig Gate, 1827–29.

68 The King Johann monument on the Theaterplatz by Johannes Schilling, 1889.

69 Semper's opera house, built 1871–78 to plans by Gottfried Semper and re-built by 1985 after being bombed in 1945.

70 A monument to Gottfried Semper by Ernst Rietschel on the Brühl Terrace.

71 Johannes Schilling's group «The Morning», 1864–71, on the Brühl Terrace.

72 Albertinum, built in 1887 as a museum, on the ground floor of the electoral armoury of the 16th century (collection from antiquity).

73 View across the Elbe of the eastern end of the Brühl Terrace with the buildings of the Academy of Arts (1890).

74 Dresden-Loschwitz, Albrechtsberg Castle, built 1850–54 for Prince Albrecht of Hohenzollern.

75 Dresden-Blasewitz, the Loschwitz Bridge over the Elbe, the so-called «blue wonder», a steel girder construction from 1891/93.

76 Monument to Martin Luther built in 1885 by A. von Donndorf, the head by Ernst Rietschel 1860, in front of the ruins of the Church of Our Lady.

77 Dresden-Strehlen, Christ's Church, an art nouveau building from 1906.

78 The new town hall on the Altmarkt, 1907–10, staircase.

79 A detail from the Princes' procession on the north facade of the Langer Gang in the Stallhof, Augustusstraße, on Meißen china tiles by F. Walther, 1907.

80 Dresden, Bautzener Straße, Pfunds Dairy. The shop at the turn of the century.

81 The Yenidze cigarette factory, Weißeritzstraße 3, built in 1909 in the Moorish style by Hamitzsch, with its large glass dome. The corner towers and the chimney are made to look like minarets.

82 The Altmarkt from the south. View of the castle, to the left houses and office buildings, the west side was re-built 1953–58, in the centre the Palace of Culture 1966–69.

83 Prager Straße. New development since 1965.

84 Moritzburg near Dresden, extensive alterations were carried out and extensions added to an older castle on the site for August the Strong by M. D. Pöppelmann 1722–36.

85 Moritzburg near Dresden. The small castle called fasanerie in the grounds, 1769–82.

86 Hoflösitz near Dresden, a summer residence, 1653, ceremonial hall.

87 Hoflösitz near Dresden, a summer residence, 1650.

88 Pillnitz Castle near Dresden, Mountain palace, portal with painted frieze, built 1723 by M. D. Pöppelmann.

89 Pillnitz Castle near Dresden, Water palace on the Elbe, with the famous water staircase by M. D. Pöppelmann, 1720/21.

90 Radebeul near Dresden, a small castle called Wacker-barth's Ruhe (1727–29), pavilion in a vineyard.

91 Dresden-Räcknitz, monument to the French General Moreau, who was mortally wounded in a battle near Dresden in 1813. Created in 1814 by Georg Friedrich Thormeyer and Gottlieb Christian Kühn.

92 Dresden-Loschwitz, Schiller monument, Schillerstraße.

93 Dresden-Loschwitz, the Körner house. Owned by the family of Theodor Körner from 1785–1818.

94 Dresden-Hosterwitz, a late-Gothic village church, extended during the Baroque period.

95 Dresden-Leubnitz, a late-Gothic village church, reno-vated 1874.

96 Monument to Caspar David Friedrich, 1990, on the belvedere of the Brühl Terrace a construction in stainless steel by W. E. Kuntsche.

Légendes en Français

33 Dresde, vue sur l'Elbe jusqu'aux rives du Altstadt avec le pont Augustus, la Diète, l'église de la cour et la résidence.

34 Vue du Alstadt au-dessus du pont Augustus jusqu'au Neustadt avec le Blockhaus baroque et l'église paroissiale de Neustadt.

35 De la tour du nouvel hôtel de ville, vue vers le nord-ouest sur la cathédrale et à gauche sur les ruines du château.

36 De la tour du nouvel hôtel de ville, vue vers le nord sur les ruines de l'église Notre-Dame dans le Neumarkt, détruite le 13 Février 1945. A l'arrière-plan, l'Elbe et Neustadt avec l'église paroissiale.

37 Edifice dans le Neustadt conçu en tant que pavillon de chasse, 1568-1613, actuellement Musée des Arts et Traditions Populaires.

38 Château de la résidence érigé depuis 1471 sur des fortifications moyenâgeuses, planifié au 16ème siècle en style Renaissance et retransformé entre 1890 et 1902 en style Renaissance, incendié le 13 Février 1945. La complète reconstruction est prévue pour l'an 2006. La photo montre une partie de l'aile nord avec le passage neo-baroque vers l'église catholique de la Cour.

39 Château de la résidence, rez-de-chaussée ayant échappé au désastre montrant la Voûte verte dans l'aile Ouest lors de l'exposition qui a eu lieu en 1989/90 sur le «Château Dresdois». Au premier plan, le modèle de l'ensemble Renaissance au 16ème siècle.

40 Le portail Renaissance du château, la chapelle, actuellement placée au Johanneum, à l'Ouest vers 1555.

41 Château de Dresde, Cour des Ecuries, 1586-91, avec les décorations des façades sur cour de style Renaissance après restauration.

42 Statue du Prince Electeur Maurice de Saxe, tombé en 1551 et de son frère Auguste (1553-86) qui reçut l'épée ducale sur le dénommé Hasenbastei (bastion), depuis 1896: les terrasses de Brühl.

43 Château de la résidence, Georgentor (Port le l'Elbe), datant du 16ème siècle, reconstruit en grande partie vers 1901.

44 La fontaine de la Paix, 1648. La déesse de la paix a été réalisée en 1683 suite à la victoire remportée sur les Turcs devant Vienne. Cet ensemble a été aussi pour cette raison appelé la fontaine Turque.

45 Palais dans le Grand Jardin, construit de 1678-83 par Johann Georg Starcke.

46 Palais dans le Grand Jardin, groupe de statues dans le Parc «Le temps dérobe la beauté» de Pietro Balestra.

47 Le Zwinger Dresdois, ensemble baroque de M. D. Pöppelmann, 1711-28; le Pavillon du Rempart.

48 Le Zwinger, le Pavillon du Rempart, faune sur socle de B. Permoser.

49 Le Zwinger, le Pavillon du Rempart, ensemble de B. Permoser.

50 Zwinger, le Bain des Nymphes près du Pavillon du Rempart avec sculptures de B. Permoser.

51 Le Zwinger, le Salon des Sciences physiques, le Pavillon du Rempart au côté du Zwinger de M. D. Pöppelmann. Construction à partir de 1711.

52 Le Zwinger, collection de porcelaine dans une des galeries.

53 La Voûte Verte, actuellement dans l'Albertinum, fragments des cabinets secrets.

54 Ruines du Palais Taschenberg, 1707-11 construit par M. D. Pöppelmann pour la Comtesse Cosel.

55 Palais Japonais dans le Neustadt transformé en 1727 par M. D. Pöppelmann.

56 La Voûte Verte, surtout de Johann Melchior Dinglinger avec portrait d'Auguste le Fort.

57 Le Zwinger, intérieurs du Salon des Sciences physiques et mathématiques avec les collections anciennes.

58 Eglise catholique de la Cour (1739-55) de Gaetano Chiaveri, vue sur la galerie des orgues, orgues de Johann Gottfried Silbermann (1753).

59 Le marché de Neustadt, statue équestre d'Auguste le Fort (Le cavalier en or), 1736.

60 Dresde. Vue sur les terrasses de Brühl avec le Sekundogenitur (1907), la Diète de Saxe (1901-06), la cathédrale (1939-55) et l'Opéra de Semper (1871-78) reconstruit jusqu'en 1985.

61 L'église catholique de la Cour et le château Dresdois en cours de reconstruction vu de la Theaterplatz.

62 Le Johanneum (musée des Transports) dans le Neumarkt (1586-91), modifié au 18ème et 19ème siècle, sur le devant la fontaine de la Paix, 1648.

63 Avenue principale de Neustadt (Straße der Befreiung), maisons bourgeoises restaurées.

64 Dresde-Friedrichstadt, fontaine de Neptune réalisée par Zacharias Longuelune et Lorenzo Mattielli, 1746, dans le parc du Palais Marcolini.

65 Dresde-Friedrichstadt, Palais Marcolini du 18ème siècle, côté jardin.

66 Garde de la Vieille Ville sur la Theaterpaltz, 1830-32, d'après les plans de Karl Friedrich Schinkel.

67 Garde de Neustadt placée à l'ancienne porte le Leipzig, 1727-29.

68 Statue équestre du roi Jean de Johannes Schilling, 1889.

69 Opéra Semper, 1871-78, d'après les plans de Gottfried Semper, après destruction en 1945, reconstruit jusqu'en 1985.

70 Statue élevée pour Gottfried Semper, réalisée par Ernst Rietschel, sur la terrasse de Brühl devant l'Académie.

71 Statues allégoriques du Matin, du Midi, du Soir et de la Nuit de Johannes Schilling, 1864-71, sur la terrasse de Brühl.

72 L'Albertinum transformé en 1887 en musée, au rez-de-chaussée l'Arsenal Electoral du 16ème siècle (collection ancienne).

73 Vue embrassant l'Elbe, l'aile gauche des terrasses de Brühl et les bâtiments de l'Académie des Beaux-Arts (1890).

74 Dresde-Loschwitz, château Albrechtsberg, construit en 1850-54 pour le Prince Albert de Hohenzollern.

75 Dresde-Blasewitz, le pont suspendu au-dessus de l'Elbe de Loschwitz, appelé le Miracle bleu, construction en grille d'acier de 1891/93.

76 Monument érigé en l'honneur de Martin Luther, en 1885 de A. de Donndorf, tête de Ernst Rietschel (1860), devant les ruines de l'église Notre-Dame.

77 Dresde-Strehlen, église du Christ, édifice en style moderne de 1906.

78 Nouvel hôtel de ville au Altmarkt (1907-10), escalier de maison.

79 Le cortège des Ducs sur le côté nord du Long Couloir de la cour des Ecuries, rue Augustus, fragments. Date de 1907 et a été réalisé sur carreaux de porcelaine de Meissen par F. Walther.

80 Dresde. Bautzener Straße, Laiterie Pfund, magasins en début de siècle.

81 Fabrique de tabac de style mauresque. Entreprise Yenidze, Weißeritzstrasse 3, conçue en 1909 par Hamitzsch qui laisse voir une grande coupole en verre, les tours en coin et la cheminée étant en forme de minarets.

82 Le Vieux Marché du sud au nord. Vue sur le château, à gauche habitations et magasins, reconstruction de l'aile Ouest de 1953-58, au centre Palais de la Culture (1966-69).

83 La Prager Strasse (la nouvelle «magistrale»), reconstruite en 1965.

84 Moritzburg dans les environs de Dresde, transformations importantes et agrandissement de l'ancien château par M. D. Pöppelmann pour Auguste le Fort.

85 Moritzburg à côté de Dresde. Le petit Château de la Faisanderie dans le parc de Moritzburg, 1769-82.

86 Hoflösitz dans les environs de Dresde, château de plaisance datant de 1653, Salle des fêtes.

87 Hoflösitz à côté de Dresde, château de plaisance, 1650.

88 Château de Pillnitz dans les environs de Dresde, Palais de la Montagne, porte avec fresques réalisées par M. D. Pöppelmann en 1723.

89 Château de Pillnitz. Environs de Dresde. Le Palais près de l'Eau sur l'Elbe avec le célèbre escalier sur l'eau de M. D. Pöppelmann, 1720/21.

90 Radebeul à côté de Dresde. Petit château de Wackerbart Ruhe (1727-29), Pavillon.

91 Dresde-Räcknitz, Monument du général Français Moreau, blessé à mort en 1813 dans la bataille devant les portes de Dresde. Réalisé en 1814 par Georg Friedrich Thormeyer et Gottlob Christian Kühn.

92 Dresde-Loschwitz, statue de Schiller, Schillerstraße.

93 Dresde-Loschwitz, la maison Körner. Possession de 1785 à 1818 de la famille Theodor Körner.

94 Dresde-Hosterwitz, église en gothique flamboyant retransformée à l'époque baroque.

95 Dresde-Leubnitz. Eglise en gothique flamboyant rénovée en 1874.

96 Monument érigé en l'honneur de Caspar David Friedrich (1990) sur le belvédère des terrasses de Brühl, Construction en acier de W. E. Kuntsche.

42

FRID. AVGVSTVS I.
DVX SAXONIAE S.R.I.PRINCEPS
ELECTOR ARCHIMARESCHALCVS
IDEMQVE REX POLONIAE

AVGVSTVS II.

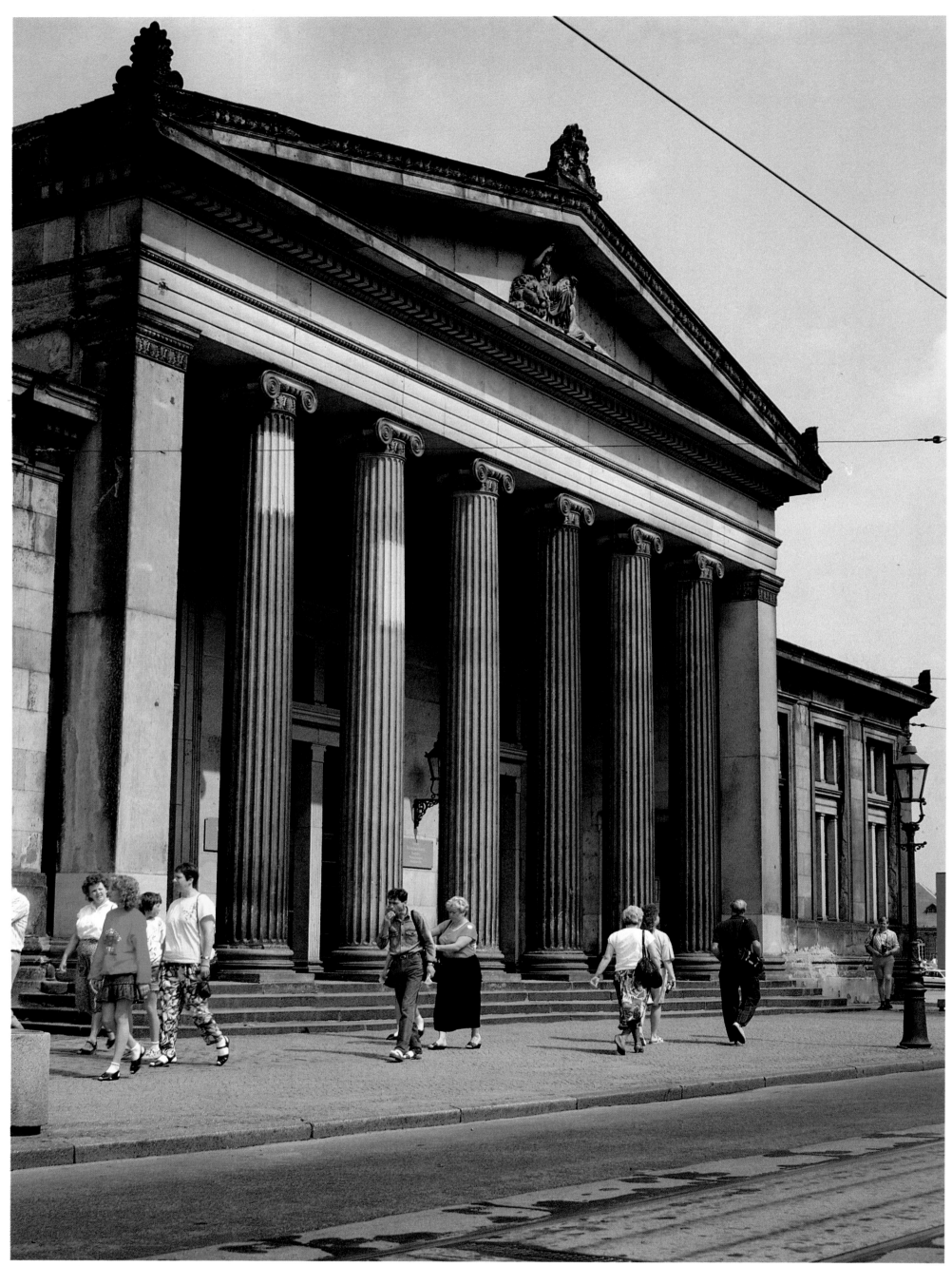

DIETRICH D. BEDRAENGTE. HEINRICH D. ERLAUCHTE

1195–1221. 1221–1288.